Was viele Verkäufer nicht zu fragen wagen

EBOOK INSIDE

Die Zugangsinformationen zum eBook inside finden Sie am Ende des Buchs.

SPRINGER NATURE   springernature.com

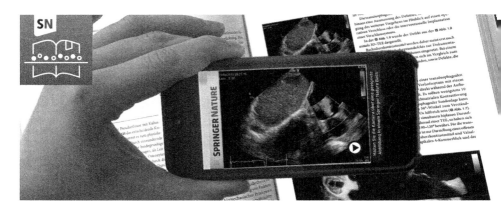

Springer Nature More Media App

Videos und mehr mit einem „Klick"
kostenlos aufs Smartphone und Tablet

- Dieses Buch enthält zusätzliches Onlinematerial, auf welches Sie mit der Springer Nature More Media App zugreifen können.*
- Achten Sie dafür im Buch auf Abbildungen, die mit dem Play Button ⊙ markiert sind.
- Springer Nature More Media App aus einem der App Stores (Apple oder Google) laden und öffnen.
- Mit dem Smartphone die Abbildungen mit dem Play Button ⊙ scannen und los gehts.

Kostenlos downloaden

*Bei den über die App angebotenen Zusatzmaterialien handelt es sich um digitales Anschauungsmaterial und sonstige Informationen, die die Inhalte dieses Buches ergänzen. Zum Zeitpunkt der Veröffentlichung des Buches waren sämtliche Zusatzmaterialien über die App abrufbar. Da die Zusatzmaterialien jedoch nicht ausschließlich über verlagseigene Server bereitgestellt werden, sondern zum Teil auch Verweise auf von Dritten bereitgestellte Inhalte aufgenommen wurden, kann nicht ausgeschlossen werden, dass einzelne Zusatzmaterialien zu einem späteren Zeitpunkt nicht mehr oder nicht mehr in der ursprünglichen Form abrufbar sind.

A60956

Oliver Schumacher

Was viele Verkäufer nicht zu fragen wagen

110 Tipps für bessere Verkaufsresultate im Außendienst

4., überarbeitete und erweiterte Auflage

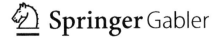

Oliver Schumacher
Lingen (Ems), Deutschland

Die Online-Version des Buches enthält digitales Zusatzmaterial, das durch ein Play-Symbol gekennzeichnet ist. Die Dateien können von Lesern des gedruckten Buches mittels der kostenlosen Springer Nature „More Media" App angesehen werden. Die App ist in den relevanten App-Stores erhältlich und ermöglicht es, das entsprechend gekennzeichnete Zusatzmaterial mit einem mobilen Endgerät zu öffnen.

ISBN 978-3-658-27251-7   ISBN 978-3-658-27252-4 (eBook)
https://doi.org/10.1007/978-3-658-27252-4

Die Deutsche Nationalbibliothek verzeichnet diese Publikation in der Deutschen Nationalbibliografie; detaillierte bibliografische Daten sind im Internet über http://dnb.d-nb.de abrufbar.

Springer Gabler
© Springer Fachmedien Wiesbaden GmbH, ein Teil von Springer Nature 2010, 2013, 2015, 2019
Das Werk einschließlich aller seiner Teile ist urheberrechtlich geschützt. Jede Verwertung, die nicht ausdrücklich vom Urheberrechtsgesetz zugelassen ist, bedarf der vorherigen Zustimmung des Verlags. Das gilt insbesondere für Vervielfältigungen, Bearbeitungen, Übersetzungen, Mikroverfilmungen und die Einspeicherung und Verarbeitung in elektronischen Systemen.
Die Wiedergabe von allgemein beschreibenden Bezeichnungen, Marken, Unternehmensnamen etc. in diesem Werk bedeutet nicht, dass diese frei durch jedermann benutzt werden dürfen. Die Berechtigung zur Benutzung unterliegt, auch ohne gesonderten Hinweis hierzu, den Regeln des Markenrechts. Die Rechte des jeweiligen Zeicheninhabers sind zu beachten.
Der Verlag, die Autoren und die Herausgeber gehen davon aus, dass die Angaben und Informationen in diesem Werk zum Zeitpunkt der Veröffentlichung vollständig und korrekt sind. Weder der Verlag, noch die Autoren oder die Herausgeber übernehmen, ausdrücklich oder implizit, Gewähr für den Inhalt des Werkes, etwaige Fehler oder Äußerungen. Der Verlag bleibt im Hinblick auf geografische Zuordnungen und Gebietsbezeichnungen in veröffentlichten Karten und Institutionsadressen neutral.

Lektorat: Manuela Eckstein

Springer Gabler ist ein Imprint der eingetragenen Gesellschaft Springer Fachmedien Wiesbaden GmbH und ist ein Teil von Springer Nature.
Die Anschrift der Gesellschaft ist: Abraham-Lincoln-Str. 46, 65189 Wiesbaden, Germany

Vorwort zur 4. überarbeiteten Auflage

Sehr geehrte Leserin, sehr geehrter Leser,

dieses Buch ist auf der Grundlage meiner Tätigkeit als Verkäufer im Außendienst entstanden. Ich schildere meine Ansätze und Vorgehensweisen und beschreibe, wie es mir gelungen ist, bei einem großen Markenartikler Spitzenverkäufer zu werden. Die zweite Auflage wurde um kommentierte Checklisten für den Verkaufsalltag ergänzt, um Beispielformulierungen für eine noch bessere Kommunikation. Es geht bei diesen Formulierungen nicht darum, dass Sie diese auswendig lernen. Sie sollen Ihnen nur als Anregung dienen, wie Sie souveräner auch etwas heiklere Situationen bewältigen können. Für Sie bedeutet das noch mehr Impulse für bessere Verkaufsresultate, größere Chancen auf neue Kunden und höhere Umsätze sowie eine höhere Zufriedenheit beim Ausüben Ihres Berufes. Die vorliegende vierte Auflage wurde noch einmal komplett überarbeitet und um ein ganzes Kapitel zum Thema Erfolg auf Messen ergänzt.

Ich empfehle Ihnen, die ein oder andere Erkenntnis aus diesem Buch nicht nur selber umzusetzen, sondern sie an Kollegen oder Kunden weiterzugeben. So punkten Sie nicht nur als Verkäufer, sondern auch als Mensch. Und Menschen kaufen nun einmal von Menschen. Ein Aspekt, der aus meiner Sicht viel zu häufig vergessen wird.

Viel Spaß beim Lesen und einen erfolgreichen Verkaufsalltag wünscht Ihnen
Ihr
Oliver Schumacher
www.oliver-schumacher.de
PS: Wenn Sie mögen, schauen Sie doch auch mal auf meinem YouTube-Kanal vorbei. Dort folgen mir bereits mehrere 5000 Verkäufer.

Was Ihnen dieses Buch bietet

Liebe Leserin, lieber Leser!

Wenn Sie im Außendienst als Verkäufer unterwegs sind, dann erleben Sie möglicherweise oftmals Situationen, die Stress und Druck erzeugen. Vielleicht laufen Sie Ihren Zielzahlen hinterher, verlieren gerade Kunden oder bekommen die vorgegebenen Aktionen Ihrer Geschäftsleitung, wie beispielsweise Produktneuheiten einführen oder Verkaufsschwerpunkte setzen, einfach nicht im Bezirk realisiert.

Sie erhalten in diesem Buch viele Denkanstöße und Perspektiven, die ich in meiner Tätigkeit als Verkäufer im Außendienst schon vielfach erfolgreich eingesetzt habe.

Sie lernen, wie Sie mehr aus Ihrer individuellen Situation herausholen können. Möglicherweise kennen Sie einige Anregungen und Tipps schon. Vielleicht klingt dieses oder jenes auch zu frech oder eventuell sogar zu einfach für Sie. Wie dem auch sei, probieren Sie die Anregungen aus! Und am besten nicht nur einmal, sondern mehrmals. Sie werden sehen, manches, was vorher unmöglich erschien, ist nun möglich. Häufig muss man sich nur intensiv mit einer Sache auseinandersetzen, damit sie plötzlich leicht von der Hand geht. Denken Sie daran: Letztlich kaufen Ihre Kunden immer. Die Frage ist nur, ob bei Ihnen oder bei der Konkurrenz. Viele Wege führen sprichwörtlich nach Rom. Mit diesem Buch zeige ich Ihnen zahlreiche Wege für bessere Verkaufsresultate.

Über zehn Jahre habe ich im Verkaufsaußendienst in der Markenartikelindustrie gearbeitet. Jeden Tag habe ich in meinem Bezirk zwischen zehn und 15 Unternehmer besucht. Meine Aufgabe war es, nicht nur das zu verkaufen, was die Kunden sowieso wollten – dies hätte auch ein Call-Center erledigen können –, sondern den Kunden immer ein wenig mehr zu verkaufen, als sie ursprünglich wollten bzw. geplant hatten. Selbstverständlich bestand der Anspruch, nur solche Produkte anzubieten, die zum Kunden passten und für ihn sinnvoll waren. Ich bin mit Leidenschaft, ausgefeilter Argumentation und Wertschätzung vorgegangen und nicht mit Druck. Denn Menschen kaufen von Menschen. Nur wenn Menschen sich beim Kaufen wohlfühlen, kaufen sie gerne erneut und nahezu automatisch. Wenn die Kunden einen Automatismus für Käufe bei Ihnen und Ihrer Firma entwickelt haben, so steht Ihrem beruflichen Erfolg nichts mehr entgegen: Ihr Weg zum Spitzenverkäufer ist geebnet.

In diesem Buch behandle ich typische Fragen, die sich früher oder später fast jeder Verkäufer im Außendienst stellt. Ich freue mich, wenn ich Ihnen bei der Beantwortung helfen kann. Letztendlich geht es darum, wie Sie Ihre Ziele besser erreichen und noch mehr Freude am Verkaufen entwickeln.

Gerne können Sie mir Ihr Feedback geben. Auch über Bewertungen dieses Buches auf diversen Internetportalen freue ich mich sehr.

Viele Grüße
Oliver Schumacher
www.oliver-schumacher.de

Inhaltsverzeichnis

1 Frage 1: Was kann ich tun, um möglichst schnell wieder im Plan zu sein, damit das Geschäftsjahr mit Zielerfüllung abgeschlossen wird? 1
   1.1 Finden Sie heraus, woran es liegt!. 2
   1.2 Rechnen Sie die Differenz bis zum Geschäftsjahresende hoch! ... 2
   1.3 Machen Sie Mehrumsatz mit bestehenden Kunden! 3
   1.4 Machen Sie Mehrumsatz mit neuen Kunden! 5
   1.5 Wenden Sie Trick 17 an – aber nur, wenn Sie Ihren Chef auf Ihrer Seite haben! 6
   1.6 Wenn es plötzlich zu gut läuft 8
   1.7 Überprüfen Sie Ihre Zielzahlen! 9
   1.8 Falls Sie Ihr Jahresziel wirklich nicht schaffen können 10
   1.9 Ziehen Sie Konsequenzen für das nächste Geschäftsjahr! 10
   1.10 Planung und Vorbereitung nicht vergessen! 11

2 Frage 2: Wie schaffe ich es, dass ich dem Kunden alle aktuellen Aktionen und Angebote vorstelle? 13
   2.1 Grundhaltung: Der Kunde hat ein Recht auf Information! 14
   2.2 Erhöhen Sie die Kaufwahrscheinlichkeit! 14
   2.3 Sichern Sie Ihre Erfolge durch systematische Vorbereitung! 15
   2.4 Lassen Sie sich von Ihrem Arbeitgeber nicht zu sehr verführen! ... 16
   2.5 Organisieren Sie Ihre Angebotsdarstellung geschickt! 17
   2.6 Erfüllen Sie nicht jeden Wunsch Ihres Kunden! 19
   2.7 Verkaufen Sie telefonisch vor bzw. nach! 21
   2.8 Nutzen Sie Aktionen als Türöffner! 22

	2.9	Kombinieren Sie die Angebote!	23
	2.10	Auch Kunden „verkaufen" sich	23
3	**Frage 3: Wie bekomme ich mehr Neukunden?**		27
	3.1	Achten Sie auf Ihre innere Einstellung!	28
	3.2	Finden Sie heraus, warum Sie für Ihre Kunden unverzichtbar sind!	29
	3.3	Lösen Sie die Probleme Ihrer Wunschkunden!	30
	3.4	Sorgen Sie dafür, dass Sie in Ihrem Bezirk der bekannteste Verkäufer sind!	31
	3.5	Finden Sie in einem riesigen Bezirk schneller echte Interessenten!	32
	3.6	Schauen Sie sich nach schwachen Mitbewerbern um!	34
	3.7	Behalten Sie auch Ihre ehemaligen Kunden im Blick!	35
	3.8	Kümmern Sie sich um Empfehlungen!	36
	3.9	Suchen Sie systematisch nach neuen Kunden!	37
	3.10	Steter Tropfen höhlt den Stein	38
4	**Frage 4: Wie setze ich Preiserhöhungen besser durch?**		41
	4.1	Nicht jeder Kunde reagiert gleich	42
	4.2	Achten Sie auf Ihre Körpersprache!	42
	4.3	Planen Sie Ihre Wortwahl!	43
	4.4	Nehmen Sie die Ausraster Ihrer Kunden nicht persönlich!	44
	4.5	Nutzen Sie Preisanpassungen, um vorher mehr zu verkaufen!	46
	4.6	Verkaufen Sie dem Kunden trotz Preiserhöhung noch mehr!	47
	4.7	Rechnen Sie die Preisanpassung nicht schön!	48
	4.8	Gehen Sie mit Drohungen richtig um!	48
	4.9	Entkräften Sie Preiseinwände mit Geschichten!	50
	4.10	Rücken Sie den Preis aus Ihrem mentalen Fokus!	51
5	**Frage 5: Wie kann ich mit weniger Arbeit genauso viel oder mehr Geld verdienen?**		53
	5.1	Machen Sie sich ein Bild von Ihrer Zeitverwendung!	54
	5.2	Überprüfen Sie Ihre Tourenplanung!	54
	5.3	Achten Sie auf Ihre Büroorganisation!	56
	5.4	Bereiten Sie Gespräche besser vor!	57
	5.5	Setzen Sie sich mehr Limits und machen Sie mehr Termine!	58
	5.6	Definieren Sie Ihre Stärken und Schwächen!	59
	5.7	Machen Sie Pausen und geben Sie auf sich Acht!	60
	5.8	Schulen Sie Ihre Kommunikations- und Arbeitstechniken!	61

5.9	Tauschen Sie sich mit Kollegen aus!	62
5.10	Hinterfragen Sie Ihr tägliches Tun!	62

6 Frage 6: Wie habe ich weniger Hemmungen bei der Kaltakquise? ... 65

6.1	Erhöhter Puls ist normal	66
6.2	Machen Sie sich klar, was Ihnen neue Kunden bringen!	67
6.3	Formulieren Sie den Nutzen, den Sie Ihrem Kunden verkaufen wollen!	67
6.4	Planen Sie die möglichen Einwände im Voraus!	69
6.5	Entwickeln Sie Ihre persönliche Gesprächsstruktur!	70
6.6	Üben Sie mit Kollegen!	71
6.7	Sorgen Sie für Ihren guten Allgemeinzustand!	73
6.8	Haben Sie Ausdauer!	74
6.9	Machen Sie es sich leichter mit Aufhängern!	75
6.10	Beobachten Sie und probieren Sie Neues aus!	76

7 Frage 7: Wie habe ich mehr Erfolg auf Messen? ... 79

7.1	Bereiten Sie sich auf die Messe vor!	80
7.2	Laden Sie Ihre (potenziellen) Kunden ein!	80
7.3	Sprechen Sie Messebesucher von sich aus aktiv an!	81
7.4	Finden Sie heraus, wer Ihr Gegenüber ist	81
7.5	Denken Sie an den Abschluss	82
7.6	Austausch mit anderen Ausstellern	83
7.7	Messegespräche nachfassen	83
7.8	Messe als Gesprächsaufhänger nutzen	84
7.9	Verhelfen Sie Ihren Kunden zum Messeerfolg	84
7.10	Als Messebesucher akquirieren	84

8 Frage 8: Wie gehe ich geschickter mit Reklamationen um? ... 87

8.1	Verstehen Sie die Gedankenwelt des Reklamierenden!	88
8.2	Hören Sie Ihrem Kunden zu!	89
8.3	Versprechen Sie nicht zu viel!	90
8.4	Kümmern Sie sich!	90
8.5	Stellen Sie sicher, dass die Sache erledigt wird!	91
8.6	Beugen Sie Reklamationen vor!	93
8.7	Machen Sie sich nicht unnötig Probleme!	94
8.8	Seien Sie kritikfähig!	94
8.9	Nutzen Sie Reklamationen bei Ihren Mitbewerbern für sich aus!	95
8.10	Üben Sie sich in zuversichtlicher und verbindlicher Sprache!	96

9	**Frage 9: Ich verliere im Jahr überdurchschnittlich viele Kunden an Mitbewerber. Was mache ich falsch?**	**99**
9.1	Seien Sie wachsam!	100
9.2	Sprechen Sie mit Ihren ehemaligen Kunden!	101
9.3	Finden Sie Ihren Feind Nummer 1 heraus!	102
9.4	Reden Sie mit Ihrem Mitbewerber!	103
9.5	Lenken Sie Ihren Mitbewerber ab!	104
9.6	Überlegen Sie sich neue Argumente!	105
9.7	Tauschen Sie sich mit Ihren Kollegen aus!	106
9.8	Bitten Sie um Hilfe!	108
9.9	Beugen Sie Angriffen systematisch vor!	109
9.10	Reagieren Sie auf Fragen Ihrer Kunden kompetent und angemessen!	110
10	**Frage 10: Wie sorge ich für eine überdurchschnittliche Kundenbindung?**	**113**
10.1	Berücksichtigen Sie, was Menschen wollen!	114
10.2	Verlieren Sie den Kunden als Mensch nicht aus den Augen!	115
10.3	Überraschen Sie Ihre Kunden!	116
10.4	Sehen Sie nicht nur den Einkäufer, sondern alle Menschen im Kundenbetrieb!	117
10.5	Strahlen Sie Ruhe aus!	119
10.6	Machen Sie die Dinge, die nicht unbedingt jeder machen würde!	120
10.7	Sprechen Sie mit Ihrem Kunden regelmäßig über seine Ziele!	121
10.8	Sie müssen nicht jeden Kunden haben!	122
10.9	Seien Sie aufmerksam!	123
10.10	Seien Sie ein „guter" Verkäufer!	123
11	**Frage 11: Wie werde ich Spitzenverkäufer?**	**125**
11.1	Entscheiden Sie sich für diesen Weg!	126
11.2	Seien Sie sich Ihrer bevorstehenden Entbehrungen bewusst!	127
11.3	Werden Sie Spitzenverkäufer, denn es gibt nichts Schöneres!	129
11.4	Lernen Sie!	130
11.5	Wenden Sie Ihr Wissen hemmungslos an!	130
11.6	Lernen Sie mit Zeit und Geld umzugehen!	131
11.7	Kümmern Sie sich um sich als Mensch!	132
11.8	Erstellen Sie Ihren persönlichen Bildungs- und Entwicklungsplan!	133

	11.9	Legen Sie Ihre persönliche Messlatte höher als Ihr Arbeitgeber!.	134
	11.10	Halten Sie nicht um jeden Preis durch!.	136
12	**Weitere Tipps und Checklisten für Ihren Verkaufserfolg**		**139**
	12.1	Checkliste: Woher kommen Ihre Kunden?.	139
	12.2	Checkliste: Woran erkennen Sie interessante Wunschkunden?.	141
	12.3	Checkliste: Wie viele neue Kunden brauchen Sie?.	142
	12.4	Checkliste: Besteht die Gefahr von Kundenverlust?.	144
	12.5	Originelle Ideen, damit Sie nicht „nur" ein Verkäufer für Ihre Kunden sind.	145
	12.6	Beispielformulierungen für Ihren Verkaufsalltag.	146

Weiterführende Literatur. ... 149

Über den Autor

Oliver Schumacher eignete sich umfangreiche Praxiserfahrung im Verkauf während seiner mehr als zehnjährigen Tätigkeit im Außendienst eines großen Markenartiklers mit über 200 Verkäufern an. Theoretisches Wissen erwarb er sich durch sein nebenberufliches Studium mit den Abschlüssen Diplom-Betriebswirt (FH) und Sprechwissenschaften (M.A.). In seinen Abschlussarbeiten beschäftigte er sich mit den Einflussfaktoren auf die Wirksamkeit von Vertriebstrainings sowie den Einflussgrößen auf die Beziehungsgestaltung zwischen Verkäufer und Kunde beim persönlichen Erstkontakt.

Oliver Schumacher gibt Trainings, führt Beratungen und Workshops durch und hält auf Messen und Events Vorträge rund um das Thema Verkaufen. 2015 gewann er in New York auf einem Speaker Slam zwischen rund 50 Rednern einen Award.

Der sechsfache Buchautor, der unter dem Motto „Ehrlichkeit verkauft" im gesamten deutschen Sprachraum tätig ist, sieht seine Mission darin, dass Verkaufen in der Gesellschaft endlich einen besseren Stellenwert genießt.

Sein zweites Buch „Verkaufen auf Augenhöhe" (3. Auflage 2017) und sein sechstes Buch „Der Anti-Stress-Trainer für Vertriebler" (1. Auflage 2017) sind ebenfalls bei Springer Gabler erschienen.

Kontakt:
Oliver Schumacher
info@oliver-schumacher.de
www.oliver-schumacher.de

Frage 1: Was kann ich tun, um möglichst schnell wieder im Plan zu sein, damit das Geschäftsjahr mit Zielerfüllung abgeschlossen wird?

Mittlerweile bin ich schon seit drei Jahren in meinem Bezirk unterwegs. Nachdem ich im ersten Jahr keine Zielerfüllung einfahren konnte, ist mir dieses im darauf folgenden Jahr gelungen. Nun hat meine Führungskraft mit mir vereinbart, dass ich auch in diesem Jahr wieder die Jahreszielerfüllung schaffe. Doch ehrlich gesagt, sieht es zurzeit nicht so aus. Mein Chef meinte, dass ich ein „Guter" bin, auf den er voll setzt – schließlich habe ich ihm im letzten Jahr auch schon bewiesen, dass ich es kann. Damals wusste ich aber noch nicht, dass ein Kunde, der mir die Zusammenarbeit zugesichert hatte, doch nicht mit mir arbeiten wird. Außerdem stehe ich prozentual vom Ergebnis her im Vergleich zum Vorjahr deutlich schlechter da. Was kann ich tun, um die Jahreszielerreichung und die damit verbundene Prämie einzufahren?

Sascha Z. aus B.

Dieses Kapitel enthält Videos und Dateien, die mit der kostenfreien SN More Media App aus dem iOS- und Android-Store abspielbar oder downloadbar sind. Dazu einfach die Abbildungen, die das App-Logo tragen, scannen

Elektronisches Zusatzmaterial Die elektronische Version dieses Kapitels enthält Zusatzmaterial, das berechtigten Benutzern zur Verfügung steht https://doi.org/10.1007/978-3-658-27252-4_1. Die Videos lassen sich mit Hilfe der SN More Media App abspielen, wenn Sie die gekennzeichneten Abbildungen mit der App scannen.

© Springer Fachmedien Wiesbaden GmbH, ein Teil von Springer Nature 2019
O. Schumacher, *Was viele Verkäufer nicht zu fragen wagen*,
https://doi.org/10.1007/978-3-658-27252-4_1

1.1 Finden Sie heraus, woran es liegt!

Schauen Sie sich Ihre Zahlen im Bezirk genau an. Es gibt viele Gründe, weshalb ein Minus aufgelaufen sein könnte. Vielleicht haben Sie einen großen Kunden verloren oder bei vielen Kunden überall nur ein wenig. Finden Sie heraus, weshalb Sie zu wenig verkauft haben.

Was sind die Ursachen?

Verkaufen hat viel mit Aufmerksamkeit zu tun. Stellen Sie sich vor, wie Sie beispielsweise bei jedem Kunden regelmäßig einen Auftrag machen. Häufig freut man sich über Aufträge und merkt gar nicht, dass Kunden plötzlich ein bestimmtes Produkt nicht mehr bestellen. Bei einem einzelnen Kunden sind es vielleicht im Jahr nur 100 €. Bei 30 Kunden sind es im Jahr dann schon 3000 €.

Jeder Verkäufer hat seine Lieblingsprodukte. Es ist ganz normal, dass über begehrte und beliebte Produkte mit den Kunden verstärkt gesprochen wird. Ihre Kollegen haben vielleicht andere Lieblingsprodukte. Schauen Sie sich an, was diese in ihren Bezirken verkaufen, denn vielleicht birgt Ihr Sortiment noch eine unentdeckte Chance. Was in anderen Bezirken gut läuft, läuft vielleicht auch bei Ihnen erfolgreich.

Beobachten Sie ebenfalls genau, mit welchen Produkten Ihre Mitbewerber Umsatz schreiben. Vielleicht haben Sie ein interessantes und geeignetes Alternativprodukt. Dann brauchen Sie Ihren Kunden gar nicht mehr klar zu machen, dass sie ein solches Produkt brauchen, sondern nur noch, dass sie es bei Ihnen kaufen.

Auch wenn Bezirksstatistiken immer nur über die Vergangenheit Auskunft geben, so ist hier eine Analyse sehr hilfreich. Bei welchen Produkten haben Sie Ihren Absatz ausgebaut und bei welchen ist der Absatz eingebrochen? Fragen Sie sich, wie Ihre Firma im Bundestrend liegt, um mögliche Schwachstellen zu finden. Und falls Ihre gesamte Firma schwächelt, schauen Sie sich die Trends in Ihrer Branche an.

Gehen Sie feinfühlig auf Veränderungen im Markt ein und reagieren Sie sofort. Jeder Tag, an dem Sie so weitermachen wie bisher, gefährdet zunehmend Ihre Zielerfüllung. Werten Sie somit Ihre Zahlen aus. Bereiten Sie sich auf jeden Besuch vor und machen sich aufgrund Ihrer Statistiken ganz konkret Gedanken über Ihre Gesprächsthemen: Worüber wollen Sie sprechen? Was hat der Kunde schon lange nicht mehr gekauft? Was wollen Sie ihm heute zum ersten Mal anbieten?

1.2 Rechnen Sie die Differenz bis zum Geschäftsjahresende hoch!

Ermitteln Sie zuerst, wie viele Arbeitstage Ihnen noch bis zum Geschäftsjahresende bleiben. Gehen wir beispielsweise von 50 Arbeitstagen aus. Wenn Sie deutlich höher liegen und sich bequem zurücklehnen wollen, so bedenken Sie bitte, dass es leichter ist, ein geringeres Minus auszugleichen als ein höheres. Wollen Sie weniger Stress und Druck haben, so legen Sie sofort los.

In einigen Branchen gibt es saisonale Schwankungen, in anderen ist das Geschäft recht konstant. Am besten nehmen Sie Vergleichszahlen aus dem letzten Geschäftsjahr zur Hand. Überprüfen Sie, wie hoch die letztjährige Zielerfüllung war und wie viel Umsatz in den verbleibenden Tagen gemacht worden ist. Beachten Sie mögliche umsatzrelevante Sondereffekte. Diese entstehen unter anderem durch Neueröffnungen oder Geschäftsaufgaben in Ihrem Verkaufsbezirk.

Ermitteln Sie zunächst den Umsatz, den Sie wahrscheinlich noch in diesem Geschäftsjahr schreiben werden, und stellen Sie anschließend fest, wie hoch die Differenz zum Jahresende ausfallen wird. Teilen Sie diese Differenz durch die verbleibenden Arbeitstage. In diesem Beispiel durch 50. Jetzt wissen Sie die Zahl, die Sie täglich zusätzlich zu Ihrem normalen Tagesgeschäft für Ihre Jahreszielerfüllung schreiben müssen. Manche Menschen visualisieren gerne Ihre Ziele. Dazu könnten Sie täglich auf Millimeterpapier eine Soll-Umsatzkurve mit Ihrer Ist-Umsatzkurve ergänzen.

Sehr wahrscheinlich werden Sie nicht der einzige Mitarbeiter sein, der in Ihrer Firma schon einmal unter Plan war. Viele Ihrer Kollegen haben diese Situation erlebt, durchlebt und gelöst. Nutzen Sie die Möglichkeit, sich mit Kollegen auszutauschen. Seien Sie hier mutig und gehen Sie eventuell einen neuen Weg: Fragen Sie die Kollegen, die wirklich erfolgreich sind. Denn es bringt Ihnen nichts, wenn Sie durch schwächere Kollegen noch runter gezogen werden. Häufig fühlen sich erfolgreiche Leute geschmeichelt, wenn sie um Rat gefragt werden, und freuen sich, wenn sie einem Kollegen helfen können, sich weiterzuentwickeln. Warum also nicht auch Ihnen?

1.3 Machen Sie Mehrumsatz mit bestehenden Kunden!

Kaufenden Kunden etwas mehr zu verkaufen, ist sicherlich der einfachste Weg. Hierfür gibt es eine Palette von Möglichkeiten. Grundsätzlich sollten Sie sich folgende Fragen stellen:

- Was könnte Ihren Kunden dazu bewegen, jetzt mehr oder sehr viel mehr zu kaufen? Seien Sie hier mutig und denken Sie groß. Weshalb sollte der Kunde nicht auch einen Jahresbedarf auf einmal bei Ihnen kaufen?
- Welche Kunden kaufen bei Ihnen, beziehen aber ähnliche Produkte auch noch bei Ihren Mitbewerbern?
- Welche Kunden haben mal bei Ihnen gekauft, kaufen nun aber ähnliche Produkte beim Mitbewerber?

- Mit welcher Story könnten Sie ein Produktsortiment im Markt positionieren, das Ihre Kunden kurzfristig erfolgreicher macht?
- Wie könnten Sie Ihr Angebot darstellen und vorstellen, sodass der Kunde „Ja" sagen muss?
- Mit welchen Produkten Ihres Sortiments könnten Sie schnell die größten Umsätze machen?
- Welche Ideen und Konzepte haben Ihre Kollegen und Mitbewerber, um kurzfristig große Umsätze einzufahren?

Machen Sie sich konkrete Gedanken, wie Sie die Wünsche und Ziele der Kunden mit Ihren Angeboten erfüllen können. Jeder Unternehmer spart gerne Geld, ist auf der Suche nach neuen Umsatzideen, möchte sich besser von seinen Mitbewerbern abheben und wünscht sich Spaß und Freude beim Einkauf seiner Produkte.

Sie könnten beispielsweise Kunden mit einem Angebot gezielt bevorraten. Passende Argumente können sein: eine bevorstehende Preisanpassung, die baldige vorübergehende Nichtlieferbarkeit des Produkts oder ein möglicher Preisnachlass. Vielleicht können Sie auch eine Finanzierungsmöglichkeit einräumen oder einen Spielraum beim Setzen des Zahlungsziels anbieten. Kunden kaufen manche Produkte sowieso regelmäßig – jetzt geht es nur noch darum, ausnahmsweise etwas mehr auf einmal zu kaufen. Das bedeutet zum einen die Chance auf viel Umsatz und zum anderen das Risiko, im nächsten Geschäftsjahr auf gewisse Umsätze verzichten zu müssen. Bedenken Sie bitte: Wenn Sie etwas verkauft haben, dann haben Sie es verkauft und entsprechend daran verdient. Wer sagt Ihnen, dass Ihr Kunde im nächsten Jahr überhaupt noch Ihr Kunde ist? Und letztlich ist es doch so: Wenn Sie das Lager des Kunden füllen, kann der Mitbewerber Sie schwerer verdrängen. Ist Ihr Angebot auch noch besser, dann haben Sie den Kunden sogar vor Ihrem Mitbewerber geschützt.

Überprüfen Sie, welchen Kunden Sie Produkte verkaufen können, die diese zurzeit vom Mitbewerber beziehen. Heutzutage ähneln sich viele Produkte, deshalb können die Kunden ein vergleichbares Produkt auch durchaus bei Ihnen kaufen. Aber was hat Ihr Kunde davon? Er bekommt alles aus einer Hand und hat somit einen Ansprechpartner. Durch den Mehrumsatz erhält er vielleicht einen besseren Bonus. Fallen Ihnen noch weitere Argumente ein?

Eine große Kunst des Verkäufers besteht darin, Kunden etwas zu verkaufen, was sie vorher noch nicht hatten bzw. noch nicht kannten. Seien Sie sich sicher: Wenn Ihr Produkt gut ist und der Kunde darin die Chance für sich sieht, mehr Umsatz und bessere Gewinne zu machen, will er es bei Ihnen kaufen. Für Sie hat das den Vorteil, dass Sie Ihr normales Tagesgeschäft nicht blockieren und dem Kunden einen echten Mehrwert verkauft haben. Welches Konzept können Sie einsetzen, um

Ihren Kunden erfolgreicher zu machen? Wie könnten Sie Ihr Angebot darstellen und präsentieren, damit der Kunde mit Begeisterung zugreift?

Manche Kunden kaufen auch deswegen mehr, weil ihr Ansprechpartner beim nächsten Mal nicht kommen kann, beispielsweise aufgrund von Urlaub und Feiertagen. Das bringt den Kunden weniger Stress und Druck, weil sie die Ware haben, die sie ohnehin brauchen und die sie sonst beim nächsten Mal bestellt hätten. Vielleicht lohnt es sich auch, den Besuchsrhythmus ein wenig zu verkürzen und kurz vor Jahresende alle Kunden telefonisch um ihren Auftrag zu bitten.

Wenn ein Kunde einen Großauftrag machen möchte, bietet sich hierfür häufig ein separater Termin an. So können Sie sich beide besser vorbereiten. Dieser Termin sollte eventuell früh morgens, zur Mittagszeit oder abends stattfinden. Ansonsten würde beispielsweise ein dreistündiger Termin Ihnen die Zeit für das eingeplante Tagesgeschäft rauben.

Manchmal bitten Verkäufer ihre Kunden deswegen zu bestellen, damit sie ihre Verkaufszahlen schaffen. Dieser Appell sollte aber nur dann ausgesprochen werden, wenn der Verkäufer vorher überdurchschnittlich gut und fair zu den Kunden gewesen ist.

Sie sollten den Kunden nur das verkaufen, was diese wirklich kurz bis mittelfristig brauchen. Sicherlich könnten Sie höhere Mengen anbieten, die dann anschließend heruntergehandelt werden. Doch falsche Bevorratungen, auch wenn der Kunde letztlich damit einverstanden war, rächen sich später immer. Entweder mit Gutschrift oder Umtausch – oder im Extremfall mit Kundenverlust.

1.4 Machen Sie Mehrumsatz mit neuen Kunden!

Vielen Verkäufern ist es unangenehm, bei Kunden anzurufen oder sie persönlich aufzusuchen, wenn es bisher keine Geschäftsgrundlage gab. Wir sprechen hier von der Kaltakquise.

Sehen Sie es einmal so: Als Sie neu in Ihrem Bezirk waren, da waren alle Ihre Besuche mehr oder weniger Kaltbesuche. Manche Menschen haben Sie mit offenen Armen empfangen, andere möglicherweise weniger. Ähnlich ist es auch, wenn Sie auf der Suche nach neuen Kunden sind. Viele noch nicht kaufende Kunden sind derzeitig unzufrieden mit ihrem Lieferanten, brauchen aber den notwendigen Kick, um daraus die Konsequenz zu ziehen. Es wäre doch schön, wenn sich diese Kunden an Sie wenden würden. Dass bereits Kunden bei Ihnen kaufen, spricht doch für Sie. Also gefallen Ihren Kunden Ihre Produkte und Ihre Art und Weise zu arbeiten. Deshalb sollten Sie auch anderen Menschen die Chance geben, bei Ihnen zu kaufen. Freuen Sie sich über jeden Kunden, den Sie Ihrem Mitbewerber wegnehmen – schließlich bekommt Ihr

Mitbewerber auf diese Weise mehr Freizeit. Somit profitieren alle: Ihr Kunde, Sie und Ihr Mitbewerber.

Wichtig ist einerseits, dass alle potenziellen Kunden in Ihrem Bezirk Sie kennen. Andererseits müssen Sie wissen, wo potenzielle Neukunden sind und in welchem Gebiet Ihre jeweiligen Mitbewerber mit welchen Produkten aktiv sind. Verschaffen Sie sich einen Überblick: Stellen Sie einige kleine Angebote mit gängigen Produkten zusammen, die mit großer Wahrscheinlichkeit die Zustimmung des Kunden finden. Besuchen Sie jeden Tag zwei oder drei dieser Kunden in der Nähe Ihrer kaufenden Kunden – oder starten Sie eine Telefonaktion. Sicherlich ist das ein erheblicher Aufwand im Verhältnis zur jetzt verrinnenden Zeit bis hin zum Geschäftsjahresende. Dennoch erhalten Sie auf diese Weise die Gelegenheit, Kunden etwas zu verkaufen, die vorher nichts bei Ihnen gekauft haben. Außerdem lenken Sie Ihren Mitbewerber von Ihren Kunden ab. Auch dieser wird mit großer Wahrscheinlichkeit sein Jahresziel erreichen wollen und umwirbt möglicherweise gerade, ohne dass Sie es merken, Ihre Kunden.

Überlegen Sie, ob ein neuer Verkäuferkollege Sie ein oder zwei Tage in Ihrem Bezirk vertreten und Ihre kaufenden Kunden besuchen könnte, während Sie sich um die neuen Kunden kümmern. Betreuen Sie mögliche Kleinstkunden vorübergehend telefonisch, um mehr Zeit für größere Kunden zu haben.

Mit diesem Vorgehen erhöht sich zudem die Wahrscheinlichkeit, das neue Geschäftsjahr mit mehr kaufenden Kunden zu beginnen und somit sorgenfreier das nächste Jahresziel zu schaffen.

Vielleicht erlaubt Ihr Chef es Ihnen, gewisse Produktpakete auf Kommission an Neukunden zu verkaufen. Diese sollten Sie nur dann platzieren, wenn Sie bei dem Kunden das Gefühl haben, dass er sich wirklich mit diesen Produkten beschäftigen will und wird. Wenn Sie merken, dass er Ihnen nur einen Gefallen tun will, dann lehnen Sie lieber dankend ab und suchen sich andere Kunden, bei denen ein solches Testangebot realistischere Chancen hat. Schließlich wollen Sie, dass der Kunde die Ware behält und Sie nicht im nächsten Jahr mit einer Gutschrift belastet. Sollten Sie nicht genügend Neukunden finden, können Sie ja immer noch auf die hilfsbereiten Kunden zurückkommen.

1.5 Wenden Sie Trick 17 an – aber nur, wenn Sie Ihren Chef auf Ihrer Seite haben!

Es gibt manche Methoden, die in einigen Firmen gängige Praxis sind und für andere Firmen am Rande der Legalität stehen. Wie dem auch sei: Sie sollten sie kennen. Die Umsetzung dieser Tricks ziehen Sie bitte jedoch nur dann in Erwägung, wenn Ihr Chef damit einverstanden ist – und Ihre Kunden.

1.5 Wenden Sie Trick 17 an – aber nur, wenn Sie Ihren Chef auf Ihrer Seite haben!

- Gewöhnlich bekommen Kunden Rabatte. Wenn Sie diese Rabatte den Kunden nicht sofort geben, sondern erst nachträglich per Gutschrift im nächsten Geschäftsjahr, haben Sie jetzt Mehrumsatz. Die Folge der Gutschrift wird sein, dass Sie sich im nächsten Jahr zu bemühen haben, diese wieder auszugleichen. So hätten Sie bei einem Auftrag von 10.000 € mit einem vorübergehend vorenthaltenen 20-prozentigen Bar-Rabatt 2000 € mehr Umsatz.
- In manchen Branchen ist es üblich, den Kunden Naturalrabatt zu geben. Beispielsweise kauft ein Kunde für 10.000 € Ware und bekommt zusätzlich für 5000 € weitere Ware. Wenn Sie nun die se beiden Beträge separat berechnen lassen und nachträglich die 5000 € als Rabatt gutschreiben, erzielen Sie ein ähnliches Resultat.
- Sollte Ihnen kurz vor Fakturierschluss noch ein überschaubarer Betrag fehlen, könnten Sie einem Kunden nach Absprache eine Sendung in entsprechender Höhe zukommen lassen. Diese wird entweder gar nicht erst angenommen und somit sofort retourniert oder später zur Gutschrift abgeholt.
- Möglich ist es auch, dass Sie sich auf eigene Rechnung sehr gängige Ware schicken lassen: Voraussetzung hierfür ist, dass Sie eine eigene Kundennummer haben. Im nächsten Jahr fangen Sie dann an, die Ware beim Kunden zu verteilen und lassen entsprechend Ihre Rechnung auf die Kundenkonten umbuchen.

Extrem wichtig ist, dass Ihre Kunden mit diesen Geschäftsmethoden einverstanden sind. Also informieren Sie Ihre Kunden zuvor und stellen Sie diese keinesfalls vor vollendete Tatsachen. Selbstverständlich darf die gutzuschreibende Ware nicht angemahnt werden. Auch muss sich Ihr Kunde bewusst sein, dass nachträgliche Gutschriften eventuelle Jahresbonuszahlungen verzerren. Falls Sie eine Rabattquote haben, so wird diese ebenfalls über Gebühr beansprucht.

Diese hier aufgeführten Wege sind gefährlich. Extremauslegungen dieser Vorschläge könnten sogar den einen oder anderen dazu veranlassen, fiktive Aufträge zu erstellen. Das ist aber nicht gewollt. Es geht darum, vorübergehend Ihre Umsätze so zu verschieben, dass sie zum Stichtag passen. Entsprechend muss das dahinter zu schiebende Umsatzvolumen überschaubar sein, da andernfalls eine Wiederholung im darauf folgenden Geschäftsjahr unvermeidbar ist. Schließlich reißen Sie entsprechende Löcher schon jetzt in Ihr nächstes Geschäftsjahr. Solche Notlösungen sind somit nur durchzuführen, wenn Ihr Vorgesetzter und Ihre Kunden einverstanden sind und Sie sich bewusst sind, dass Ihre Zielerfüllung nur ausnahmsweise unter Einsatz solcher Methoden erfolgt. Ansonsten machen Sie sich nur unnötig langfristigen Stress.

1.6 Wenn es plötzlich zu gut läuft …

Je mehr Kunden Sie kontakten und motivieren, überdurchschnittlich zu kaufen, desto größer ist die Wahrscheinlichkeit, dass Sie Ihr persönliches Ziel erreichen. Doch leider kann Ihnen niemand eine hundertprozentige Punktlandung voraussagen. Da manche Kunden nicht sofort zu Ihren Angeboten „Ja" sagen werden, sondern etwas verzögert, kann es durchaus passieren, dass Sie über das Ziel hinausschießen.

Die Überschreitung eines Zieles hat – je nach Arbeitgeber – unterschiedliche Auswirkungen. Einige belohnen dies überproportional finanziell, bei anderen steigt automatisch die Basis für den nächsten Zielaufschlag, und dann gibt es noch diejenigen, denen dies völlig gleichgültig ist.

Wenn absehbar ist, dass Sie mehr Umsatz machen als geplant, so überprüfen Sie folgende Punkte:

- Sind alle Gutschriften eingereicht und gebucht?
- Könnten noch ungeplante Gutschriften kommen, die Sie plötzlich zurückwerfen?
- Können nach Absprache mit dem Kunden Aufträge in das nächste Geschäftsjahr verschoben werden? Wenn der Kunde Ihr Produkt abschreiben kann, spielt das Rechnungsdatum eine wesentliche Rolle!
- Wie können Kunden belohnt werden, wenn Sie den Auftrag aufrechterhalten, aber erst in der nächsten Abrechnungsperiode kaufen?
- Mit welchem Argument können die Kunden angehalten werden, ab sofort etwas weniger zu bestellen?

In vielen Unternehmen steigt mit zunehmender Zielerfüllung auch die Erwartungshaltung Ihres Vorgesetzten an Sie. Es wird kaum ein Chef nachvollziehen können, wenn Sie in diesem Jahr mit 125 % Zielerfüllung aussteigen und ihm im nächsten Jahr vermitteln möchten, dass Sie gerade so Ihre 100 % schaffen. Oftmals bestellen die Kunden immer wieder zum gleichen Zeitpunkt. Ist dies auch bei Ihnen der Fall, so wiederholen Sie einfach entsprechende Aktionen, um den Kunden sinnvoll und passend zu bevorraten.

Wollen Sie ein durchschnittlicher Verkäufer oder ein Spitzenverkäufer sein? Möchten Sie gerne Letzteres sein? Wenn ja, dann geben Sie bis zum Geschäftsjahresende weiter Gas. Sie werden dann im nächsten Jahr ausreichend Chancen nutzen können, wenn Sie dies wirklich wollen. Denn wie wäre sonst die beschriebene Übererfüllung in diesem Jahr möglich gewesen? Glauben Sie an sich und Ihre Fähigkeiten und machen Sie einfach weiter.

1.7 Überprüfen Sie Ihre Zielzahlen!

In vielen Unternehmen wird von einer Zielvereinbarung gesprochen. Zu einer Vereinbarung gehören gewöhnlich mindestens zwei Personen mit gleicher Meinung. Also, in diesem Falle Sie und Ihr Chef. Manche Chefs machen es sich aber auch ein wenig einfach und führen keine Zielvereinbarung, sondern eine Zielvorgabe durch.

Sie können sicher sein, dass jede Zielzahl, auch die Ihrer Kollegen, ungerecht ist. Es gibt bis heute noch kein System, das auf lange Sicht gerechte Zielzahlen vergibt. Vieles ist auch Glückssache. Beispielsweise profitieren einerseits manche Verkäufer davon, dass die Konkurrenz in einigen Bezirken extrem schlecht arbeitet. Andererseits kann es sein, dass Mitbewerber im selben Bezirk sehr gute Verkäufer beschäftigen, die eine echte Konkurrenz und Herausforderung darstellen. Für Insolvenzen, regionale Wirtschaftsabschwünge, Expansionsexplosionen einzelner Kunden oder für extrem gute oder schlechte Leistungen der Bezirksvorgänger kann ein Verkäufer gewöhnlich wenig.

Das bedeutet für Sie Folgendes: Gehen Sie Ihren Weg und denken Sie nicht über die Bezirksvergangenheit nach. Nehmen Sie die Ausgangslage so, wie sie ist; nur die Zukunft ist veränderbar. All dies wird Ihnen umso leichter gelingen, je sportlicher und schneller Sie diese Herausforderung angehen.

Passen Sie auf, dass Sie nicht versehentlich über Ihre Zielvorgaben klagen. Es gibt wahrscheinlich in jeder Firma Verkäufer, die sich als Opfer ihrer Ziele sehen und nur hilflos jammern, dass sie wohl niemals ihre Ziele erreichen werden. Interessanterweise picken diese sich immer Kollegen heraus, die anscheinend ein viel zu niedriges Ziel haben und es deswegen spielerisch schaffen und übererfüllen. Leider vergessen die Jammerer dabei, dass die überdurchschnittliche Leistung der einen die unterdurchschnittliche Leistung der anderen ausgleicht. Das Gesamtziel einer Firma kann gewöhnlich nur mithilfe von Übererfüllern erreicht werden, da es nahezu immer Untererfüller gibt. Und jetzt mal Hand aufs Herz: Wenn dem nicht so wäre, von wem müsste sich ein Arbeitgeber im Zweifelsfalle trennen?

Vielleicht gibt es in Ihrem Bezirk wirklich Punkte, die objektiv nicht richtig sind bzw. laufen. Überprüfen Sie, ob Sie ein Einzelfall sind oder gegebenenfalls Leidensgenossen finden. Tauschen Sie sich mit ihnen aus. Notieren Sie Ihre Probleme, die Ursachen und Gründe dieser Probleme sowie die Konsequenzen für Ihre tägliche Arbeit. Sprechen Sie mit Ihrer Führungskraft darüber. Sollte Ihr Chef keinen Grund zur Veränderung sehen, so fragen Sie ihn, wie Sie sich nun verhalten sollen. Wenn Ihnen die Antwort nicht gefällt, dann wenden Sie sich an seinen Chef oder an Ihren Betriebsrat. Bleiben Sie stets sachlich und vermeiden Sie eine emotionale

Argumentation. Häufig korrigieren viele die Ziele aus Angst nicht. Und zwar aus Angst, dass plötzlich andere Verkäufer ebenfalls ihre Zielzahlen intensiv hinterfragen. Denn logischerweise müssen Ihre Zielreduzierungen auf andere Bezirke draufgeschlagen werden. Ist keine Lösung in Sicht und sind Sie weiterhin davon überzeugt, dass Sie ungerecht behandelt werden, dann wechseln Sie Ihren Arbeitgeber. Wollen Sie den Arbeitgeber nicht wechseln, dann legen Sie einfach los und hören Sie damit auf, die Zielzahlen zu hinterfragen. Ein Verharren in der Opferrolle bringt nur einen Energieverlust mit sich und bremst Ihr Tun und Handeln. Außerdem nerven Sie mit Ihrer Jammerei Ihre Kollegen, die auch gerne weniger ehrgeizige Ziele hätten.

1.8 Falls Sie Ihr Jahresziel wirklich nicht schaffen können ...

Wenn Sie nach Ihrer Hochrechnung zu dem Ergebnis kommen, dass Sie es trotz vollem Einsatz nicht schaffen können, dann stehen Sie dazu. Teilen Sie Ihrem Chef umgehend mit, wie viel Umsatz Sie noch machen können, damit er rechtzeitig eingreifen kann. Denn auch Ihr Chef muss für sein Team eine Zielerfüllungsquote abgeben und kann nicht hellsehen. Wenn Sie aus Feigheit nicht die Wahrheit sagen, werden Sie sich, Ihren Chef und Ihr Team in Schwierigkeiten bringen.

Vielleicht hat Ihr Chef für Sie Hilfestellungen, um die Jahreszielerfüllung dann doch noch zu ermöglichen. Eventuell haben Sie auch ohne Zielerfüllung eine Umsatzsteigerung im Vergleich zum Vorjahr erzielt, dies ist auch schon ein toller Erfolg. In manchen Firmen wird auch schon eine Steigerung zum Vorjahr anerkannt.

Es gibt Verkäufer, die bewusst ihren Bezirk „vor die Wand fahren", um im nächsten Jahr eine gute Zielerfüllung einzubringen. Mag sein, dass das ebenfalls eine Option für Sie ist. Doch sollten Sie dabei bedenken, dass Sie dann im nächsten Jahr auch wirklich Ihre Ziele erfüllen müssen.

1.9 Ziehen Sie Konsequenzen für das nächste Geschäftsjahr!

Arbeiten Sie über das gesamte Geschäftsjahr hinweg gründlich. Kontinuität ist im Verkauf ein wesentlicher Erfolgsfaktor. Analysieren Sie genau, weshalb Sie Ihre Planzahlen unterschritten haben und überlegen Sie sich Wege und Maßnahmen für eine sichere Jahreszielerfüllung im Folgejahr. Ziehen Sie die Konsequenzen, und beginnen Sie sofort mit der Umsetzung Ihrer Erkenntnisse.

In manchen Firmen ist es leider normal, dass Bezirke nicht betreut werden, wenn der Verkäufer Urlaub hat oder krank ist. Dann läuft automatisch schnell ein Minus auf. Finden Sie heraus, wer Ihnen helfen kann: Möglicherweise können Kollegen aus dem Innendienst Ihre Kunden anrufen. Wenn das nicht möglich ist, dann schauen Sie sich bei Ihren Außendienstkollegen um. Denn auch die haben das gleiche Problem. Wie wäre es, wenn Sie und Ihr Verkäuferkollege sich im Urlaub gegenseitig vertreten würden?

Sie würden dann im Urlaub die Kunden Ihres Kollegen anrufen und umgekehrt.

Stellen Sie einen Maßnahmenplan auf, planen Sie Neukundenbesuche fest ein, und bieten Sie jedem kaufenden Kunden bei jedem Besuch ein weiteres Produkt zusätzlich an, das er noch nicht bei Ihnen kauft. Überdenken Sie Ihren Besuchsrhythmus: Vielleicht sollte er verkürzt oder erhöht werden? Oftmals sind Kunden für abwechselnde persönliche und telefonische Kontakte sogar sehr dankbar, denn auch sie verlieren bei Ihrem Besuch viel Zeit.

Seien Sie mutig und probieren Sie immer wieder Neues aus. Bilden Sie sich regelmäßig mit Fachbüchern, Hörbüchern und Seminaren weiter. Setzen Sie neues Wissen um, dann werden Sie automatisch besser: Die gesteckten Ziele können auf diese Weise immer schneller und einfacher erreicht bzw. überschritten werden. Fangen Sie einfach an und machen Sie kontinuierlich weiter.

1.10 Planung und Vorbereitung nicht vergessen!

Sie haben nun viele Tipps und Anregungen bekommen. Bevor Sie nun mit Ihrer Jahreszielerreichung beginnen, sollten Sie sich vorbereiten. Folgende Fragen helfen Ihnen dabei:

- Welche Einwände können bezüglich eines Großeinkaufs kommen?
- Wie wollen Sie diese entkräften?
- Welche Produkte sollen Ihre Kunden in großen Mengen und vorrangig kaufen?
- Wie können Sie ihm speziell hier beim Abverkauf helfen?
- Wie stellen Sie sicher, dass Zusagen zu großen Aufträgen auch wirklich Aufträge werden?
- Wie können Sie eventuelle Einwände von Neukunden entkräften?
- Welchen Nutzen haben Ihre Kunden davon, wenn Sie bei Ihnen zum ersten Mal kaufen?
- Mit welcher Methode werden Sie Ihre Kunden dazu bringen, schnell „Ja" zu sagen?
- Wie können Sie kleinere Kunden dazu bringen, ein wenig mehr zu kaufen?

- Wie stellen Sie sicher, dass Sie an all diese Möglichkeiten und Chancen während Ihrer täglichen Arbeit denken?
- Mit welchen Angeboten können Sie alle Ihre Kunden (große und kleine) erreichen, um ihnen die Chance zum Kaufen zu geben?
- Wie können Sie Ihre Organisation ändern, sodass Sie beispielsweise jeden Tag drei Kunden mehr kontakten, um letztlich mehr Aufträge zu bekommen?
- Sie haben herausgefunden, dass Ihr Mitbewerber Sie mit bestimmten Produkten verdrängt hat: Wie sieht nun Ihre Rückgewinnungsstrategie aus?
- Womit werden Sie sich belohnen, wenn Sie das Jahresziel erreicht haben? (Abb. 1.1)

Abb. 1.1 Wie Sie schneller wieder im Plan sein werden

Frage 2: Wie schaffe ich es, dass ich dem Kunden alle aktuellen Aktionen und Angebote vorstelle?

Nahezu jeden Monat erhalten wir andere Verkaufsschwerpunkte. Über die erfolgreiche Umsetzung informiert uns der aktuelle Status, der uns jeweils zum Wochenende gemailt wird. Dieser Status beinhaltet nicht nur die eigenen Werte, sondern auch die Werte der anderen Verkäufer. So kann jeder Empfänger sehen, wie gut bzw. schlecht er im Vergleich zu seinen Kollegen steht. Die Verkäufer, die sich nach Einschätzung der Verkaufsleitung nicht ausreichend gekümmert haben, sind auffallend rot markiert.

Manchmal komme ich gar nicht dazu, alle Schwerpunkte und Aktionen jedem Kunden anzubieten. Ich verlasse mich hier gerne auf meine Intuition, sodass ich jedem Kunden vorrangig das anbiete, was ich für richtig und wichtig halte. Doch mein Chef hat zu mir gesagt, dass ich mich nicht genug mit seiner Firma identifiziere und die Vorgaben der Zentrale mutwillig ignoriere. Wie soll ich mich verhalten?

Timo R. aus L.

Dieses Kapitel enthält Videos und Dateien, die mit der kostenfreien SN More Media App aus dem iOS- und Android-Store abspielbar oder downloadbar sind. Dazu einfach die Abbildungen, die das App-Logo tragen, scannen

Elektronisches Zusatzmaterial Die elektronische Version dieses Kapitels enthält Zusatzmaterial, das berechtigten Benutzern zur Verfügung steht https://doi.org/10.1007/978-3-658-27252-4_2. Die Videos lassen sich mit Hilfe der SN More Media App abspielen, wenn Sie die gekennzeichneten Abbildungen mit der App scannen.

2.1 Grundhaltung: Der Kunde hat ein Recht auf Information!

Bei Kundenbesuchen schleicht sich oft ein Gewohnheitsritual ein. Das bedeutet beispielsweise im Stammkundengeschäft, dass es zuerst ein wenig Small Talk gibt und danach der Kunde fragt: „Und, was gibt es Neues?" Daraufhin beginnt der Verkäufer die einzelnen Angebote und Aktionen vorzustellen. Doch spätestens nach dem dritten „Nein" sagen sich viele, dass es wohl nicht der richtige Tag ist, um mit dem Kunden Zusatzverkäufe zu tätigen. Vielleicht sind die noch übrigen Aktionen aus der Sicht des Verkäufers sowieso nicht so tolle Angebote: Der Verkäufer bricht die Vorstellung der Neuheiten ab. Er will den Kunden nicht mit scheinbar unattraktiven Angeboten weiter belästigen und sich selbst nicht durch weitere „Neins" entmutigen lassen.

Beim nächsten Besuch erfährt dann möglicherweise der Verkäufer, dass der Kunde von einem Mitbewerber ein vergleichbares Produkt gekauft hat. Es handelt sich um das Produkt, das er beim letzten Besuch nicht vorgestellt hat – vielleicht weil er Angst hatte, den Kunden damit zu belästigen.

Peinlich ist auch folgendes Szenario: Der Kunde fragt Sie beim nächsten Besuch, weshalb Sie seinen Mitbewerbern ein Produkt verkaufen, das Sie ihm nicht einmal angeboten haben.

Sie merken: Sie können sich vieler Chancen auf Mehrumsatz berauben, wenn Sie zu viel für den Kunden denken und ihm Angebote vorenthalten. Darüber hinaus besteht die Gefahr, dass Ihr Mitbewerber für innovativer gehalten wird, wenn er „Ihren" Kunden mehr Konzepte und Ideen anbietet.

2.2 Erhöhen Sie die Kaufwahrscheinlichkeit!

Stellen Sie sich vor, bei Ihnen klingelt es plötzlich an der Haustür. Ein Mann in Handwerkerkluft steht vor Ihnen und fragt: „Guten Tag, ich bin Malermeister und möchte Sie fragen, ob Sie Bedarf an Malerarbeiten haben." Sie sind kurz irritiert, weil Sie so etwas noch nie erlebt haben, und sagen: „Nein, danke." Am Abend erzählen Sie das Erlebte Ihrer Partnerin, welche überrascht sagt: „Ja, und was ist mit dem Fenster in der Stube? Da blättert doch die Farbe ab!" Und Ihnen fällt ein, dass Sie sich eigentlich schon seit dem letzten Winter um dieses Fenster kümmern wollten. Was der Malermeister besser hätte machen können, erfahren Sie ein paar Absätze weiter unten.

Wie groß ist die Gefahr, dass Sie Ihren Kunden ein Angebot zeigen, vorher aber nicht ausreichend Interesse geweckt haben? Sie erhöhen die Kaufwahrscheinlichkeit, indem Sie sich selber von diesem Angebot überzeugen und sich systematisch auf jede einzelne Aktion vorbereiten.

Langweilen Sie Ihren Kunden nicht mit Ihrer Präsentation: Je mehr Aktionen Sie dem Kunden im ähnlichen Stil präsentieren, desto mehr Widerstände und Misstrauen wecken Sie. Sorgen Sie für Abwechslung und einem Hauch von Abenteuer. Was würde Ihnen besser gefallen: ein Verkäufer, der seinen Aktionskatalog von vorne bis hinten mit Ihnen bespricht, oder ein Verkäufer, der eine Geschichte erzählt, dann anhand eines Modells oder Beispiels etwas erklärt und mithilfe eines Zaubertricks zeigt, wie schlagartig weniger Kosten entstehen? Auch wenn Letzterer möglicherweise auch nicht immer alle Aktionen verkauft, so ist der Kunde bestimmt schon jetzt auf den nächsten Besuch gespannt.

2.3 Sichern Sie Ihre Erfolge durch systematische Vorbereitung!

Stellen Sie sich im Rahmen Ihrer Vorbereitung zu jeder Aktion folgende Fragen:

- Wie aktivieren Sie den Kunden für das Thema?
- Welche Freude hat der Kunde, wenn er das Angebot wahrnimmt?
- Welchen Schmerz spürt der Kunde, wenn er das Angebot nicht annimmt?
- Was hat der Kunde kurzfristig und langfristig davon?
- Wie kann dieses greifbar gemacht werden?
- Was könnte aus Kundensicht dagegen sprechen?
- Wie werden Sie Einwänden begegnen?
- Wie packen Sie die gesamte Präsentation in eine spannende Story?
- Wie stellen Sie sicher, dass der Kunde Ihr Konzept/Angebot auch umsetzt?

Menschen öffnen sich gewöhnlich für ein Thema, wenn sie auf bestimmte Sätze „Ja" sagen oder denken müssen. Es ist sinnvoll, drei bis vier konkrete Fakten (unbestreitbare Wirklichkeiten) aufzuführen und anschließend ein oder zwei globale Fakten (höhere unbestreitbare Wirklichkeiten) zu nennen.

Konkrete Fakten sind unbestreitbar: Diese Fakten erfordern entweder eine kurze Recherche oder sie sind offensichtlich. Sie sind ausschließlich beschreibend und niemals bewertend:

- „Auf Ihrer Website habe ich gelesen, dass Sie sieben Mitarbeiter haben."
- „Ich sehe, Sie schauen sich hier gerade um."
- „Sie lesen gerade diesen Text."

Globale Fakten sind dagegen von allgemeiner Gültigkeit und führen ebenfalls zu einem klaren „Ja" bzw. zur Zustimmung. Mit diesen globalen Fakten können Botschaften suggeriert werden, die dem Interessenten vorher möglicherweise noch nicht ganz klar waren:

- „Kunden finden die Haltbarkeit besonders gut."
- „Heutzutage wird neben dem Preis die Gegenleistung immer wichtiger."
- „Recht haben und Recht bekommen sind immer Zweierlei."

Der Handwerker hätte beispielsweise Folgendes machen können: „Guten Tag, ich sehe, Sie schauen leicht überrascht (skeptisch/neugierig). Ich bin Malermeister und habe gesehen, dass Ihr Haus Holzfenster und Holztüren hat. Die kühle und auch nasse Jahreszeit beginnt bald. Viele Menschen fühlen sich deutlich wohler, wenn sie wissen, dass ihr Haus optimal für den Winter vorbereitet ist. Wenn Sie mögen, dann schauen wir uns kurz gemeinsam an, ob Ihr Haus optimal gerüstet ist. Was halten Sie davon?"

In diesem Beispiel werden noch zwei weitere wichtige Aspekte deutlich: die Herausstellung des Kundennutzens sowie die Beendigung der Aussage mit einer Meinungsfrage.

- Stellen Sie immer wieder den Kundennutzen heraus. Erklären Sie dem Kunden konkret, was er von der entsprechenden Leistung bzw. dem Produkt hat. Mögliche Nutzen und Kaufmotive wären beispielsweise ein höherer finanzieller Gewinn, Zeitersparnis, Image, Sicherheit, Neuheit, Abwechslung, Komfort, Freude oder weniger Stress.

Stellen Sie offene Fragen. Meinungsfragen bringen Ihren Gesprächspartner dazu, ausführlich zu antworten. Fragen Sie beispielsweise:

- „Wie klingt das für Sie?"
- „Wie denken Sie darüber?"
- „Und, was meinen Sie?"

2.4 Lassen Sie sich von Ihrem Arbeitgeber nicht zu sehr verführen!

Häufig ist es so, dass es für den Verkauf von speziellen Produkten neben Provision auf diesen Zusatzumsatz auch Prämien oder Punkte gibt. Punkte machen zwar nicht unbedingt satt, aber viele Verkäufer finden es beispielsweise nett, mit einer

Jahresbestenreise belohnt zu werden. Als Verkäufer können Sie davon ausgehen, dass Ihr Arbeitgeber vor allem von Ihnen erwartet, dass Sie die Dinge verkaufen, mit denen Sie das höchste Einkommen generieren. Ihr Arbeitgeber weiß ebenfalls, dass im Zweifelsfall der finanzielle Anreiz ausschlaggebend ist. Sonst würde und dürfte er diesen Anreiz nicht bieten.

Manche Arbeitgeber setzen Prämien gezielt ein, um Produkte zu platzieren, die aus reiner Kundensicht anscheinend gar keine Marktberechtigung haben. Das führt zwangsläufig zu erheblichen Konflikten. Wann sind Sie ein guter Verkäufer? Dann, wenn der Kunde Sie als vertrauenswürdig einstuft? Oder dann, wenn Ihr Arbeitgeber über Sie sagt: „Für Geld verkauft der jedem alles"?

Sie müssen sich entscheiden: Wann sind Sie bei Ihren Kunden langfristig wirklich erfolgreicher? Was bringt allen Beteiligten mehr Spaß, Freude und Geld bei der Arbeit? Mit dem Kunden gemeinsam wachsen zu wollen, klingt gut. Es setzt aber voraus, ihn einerseits manchmal beim passenden Angebot wohlwollend zum Kauf zu zwingen – und ihn andererseits auch manchmal vor dem Kauf zu schützen. Überall hört man die Floskeln „Der Kunde steht im Mittelpunkt" oder „Der Lieferant als Partner des Kunden." Es liegt an Ihnen, ob die Floskel nur eine Worthülse bleibt oder mit Leben gefüllt wird.

Verkaufen Sie Ihrem Kunden keine Produkte oder Dienstleistungen, von denen Sie wissen, dass sie nur nachteilig für den Kunden sind. Je besser Sie verkaufen können, desto mehr sind Sie dafür verantwortlich, dem Kunden das Passende zu verkaufen. Rufen Sie bei den Kunden gute Emotionen hervor, seien Sie ehrlich zu ihnen und geben Sie ihnen das Gefühl, dass Sie wirklich an einer geschäftlichen Partnerschaft interessiert sind. Sagen Sie ihnen – auch wenn die Prämie lockt –, dass eine bestimmte Menge ausreicht oder dass das Produkt für sie nicht geeignet ist. Der Betrag, den Sie dann langfristig auf ehrlicher Basis mit den Kunden verdienen werden, wird immer höher sein als die kurzfristige Prämie.

2.5 Organisieren Sie Ihre Angebotsdarstellung geschickt!

Menschen gewöhnen sich an alles. Somit können Sie ohne Weiteres zur Besprechung aller Aktionen eine Checkliste einsetzen; daran wird sich ihr Kunde schnell gewöhnen. In dieser Checkliste (s. Abb. 2.1) sind alle Punkte aufgeführt, die Sie während des jeweiligen Gesprächstermins durchgehen möchten.

Sparen Sie Zeit, indem Sie immer zu Aktionsbeginn eine Checkliste erstellen, die für alle Kunden gültig ist. Diese Checkliste ergänzen Sie dann um weitere kundenspezifische Punkte: zum Beispiel noch unbezahlte fällige Rechnungen oder andere noch zu erledigende Themen.

18 2 Frage 2: Wie schaffe ich es, dass ich dem Kunden alle aktuellen Aktionen …

Kunde _____

	Vorgestellt am	Bemerkung
Aktion 1:	_____	_____
Aktion 2:	_____	_____
Aktion 3:	_____	_____
Aktion 4:	_____	_____
Aktion 5:	_____	_____
Aktion 6:	_____	_____
Thema 1:	_____	_____
Thema 2:	_____	_____
Thema 3:	_____	_____

Sonstiges:

_____
_____
_____
_____
_____
_____
_____
_____
_____
_____
_____

Nächster Besuch am _____

Abb. 2.1 Checkliste für das Kundengespräch

Beim Kundenbesuch legen Sie diese Checkliste ganz einfach mit folgenden Worten auf den Tisch: „Damit wir heute nichts Wesentliches vergessen, habe ich eine kleine Checkliste vorbereitet. Das gibt uns die Sicherheit, dass ich nichts Wichtiges ohne böse Absicht vergesse. Das ist dann einfach für Sie und für mich." Nach jedem geklärten Punkt machen Sie einen deutlichen Haken.

Manche Kunden und Verkäufer haben nicht genügend Zeit. Das hat die Folge, dass entweder der Kunde das Gespräch beendet oder aus Höflichkeit vorschnell „Nein, das kommt für mich nicht in Frage" sagt. Verkäufer reden unter Zeitdruck wesentlich schneller, vor allem dann, wenn sie schon häufig die jeweilige Aktion vorgestellt haben. Dadurch nehmen sie oftmals Kundensignale nicht wahr und lenken das Gespräch leider unnötig oft in Richtung Misserfolg.

Dies können Sie leicht mit folgender Frage, die Sie zu Beginn des Gesprächs stellen sollten, verhindern: „Wie viel Zeit haben Sie für das Gespräch mit mir eingeplant?" Wenn Sie sich daran halten, werden Sie automatisch in der Achtung des Kunden steigen. Belästigen Sie bitte Ihre Kunden nicht mit der Phrase „Nur fünf Minuten", wenn Sie länger mit ihnen reden wollen. Das hat nichts mit Wertschätzung des Kunden zu tun, sondern schädigt Ihren Ruf sowie den Ruf Ihrer Verkäuferkollegen. Vielleicht mussten Sie es auch schon einmal erleben, dass an einem Wochenende eine Tagung anberaumt war, die dann plötzlich 30 min länger ging, als die Agenda vorgesehen hatte. Sicherlich fanden Sie das vor allem dann unprofessionell, wenn Sie durch den längeren Zeiteinsatz nicht eindeutig und richtig davon profitiert hatten. Genauso geht es auch Ihren Kunden.

Die zeitliche Vereinbarung gibt Ihnen die Sicherheit, zumindest die wesentlichen Punkte innerhalb der Zeitspanne mithilfe Ihrer Checkliste zu besprechen. Und den Rest können Sie nicht vergessen, weil Ihnen die Liste zum nächsten Besuch immer noch vorliegt.

Es wird häufig vergessen, dass Ihre besten Kunden die Wunschkunden Ihrer Mitbewerber sind. Falls es für Sie noch nicht gang und gäbe ist, bei der Verabschiedung einen konkreten Termin für den nächsten Besuch auszumachen, so führen Sie dies jetzt ein. Auf diese Weise hat auch der Kunde die Chance, sich optimal vorzubereiten und entsprechend Zeit für die gemeinsame Weiterentwicklung zu reservieren. Durch Termine können Sie den persönlichen Kontakt weiter ausbauen und somit eine bessere Kundenbindung erzielen.

2.6 Erfüllen Sie nicht jeden Wunsch Ihres Kunden!

Menschen sind gewöhnlich neugierig. Typische Verkäufer erzählen gerne und wollen verkaufen. Es gibt manchmal Situationen, in denen Sie der Kunde dazu auffordert, „mal eben schnell" ein Angebot vorzustellen. Viele Verkäufer wittern dann die

Chance, jetzt kurzfristig noch eine Aktion zu platzieren, sie fassen sich kurz und stellen dann ohne wesentlichen Spannungsaufbau, ohne Bedürfnisweckung und Nutzendarstellung, das Angebot vor. Beispielsweise zaubern sie das neue Produkt mit den Worten aus dem Koffer: „Ja, und dann haben wir noch das!"

Die typische und zwangsläufige Kundenreaktion lautet dann häufig: „Ach nee, so was brauche ich nicht!" Warum hätte diese Reaktion auch anders ausfallen sollen?

In der heutigen Zeit haben viele Kunden das Gefühl, dass es alles Wichtige und Notwendige schon gibt. Wenn Sie als Verkäufer regelmäßig alle paar Wochen beim gleichen Kunden aufschlagen, unterstellt möglicherweise der ein oder andere Kunde, dass Sie auch mal eine Innovation verkaufen müssen, bei der nicht der Kundennutzen im Vordergrund steht, sondern der Profit Ihres Arbeitgebers. Es ist somit eine normale Schutzfunktion des Kunden, Angeboten auch mit Skepsis zu begegnen. Viele Kunden haben ebenfalls gelernt, dass es spezielle Mengenangebote immer wieder gibt, sodass sie keinen echten Grund kennen, warum sie jetzt im großen Umfang zugreifen sollten. Anspruchsvoll ist es auch für die Anbieter, die häufiger Produkte über den Außendienst in den Markt drücken, bei denen die Versprechungen von Marketing und Geschäftsführung so gut wie gar nicht eingehalten werden. Somit verliert nicht nur der Kunde, sondern auch der Verkäufer. Doch es ist nun mal so: Der Außendienst ist dazu da, das Lager seines Arbeitgebers zu räumen. Wenn Sie langfristig erfolgreich sein möchten, dann räumen Sie dieses Lager nicht um jeden Preis. Denn nicht nur Sie und Ihre Kunden sind für gewisse Lagerartikel verantwortlich. Auch wenn es für viele schmerzhaft ist, so sind dennoch manchmal die Entsorgungskosten niedriger als der Imageschaden, der in der Kundschaft entstehen kann.

Wenn Ihrem Kunden somit nicht vor der Lösungspräsentation gewisse positivere Zukunftsperspektiven in Aussicht gestellt worden sind, er womöglich auch keine Ideen für die gewinnbringende Umsetzung Ihres Angebots aufgezeigt bekommen hat, so ist es nur logisch, dass er „Nein" sagt – auch wenn er Sie um ein „schnelles Zeigen" bittet.

Es besteht somit die große Gefahr, dass Sie den Kunden mit der Erfüllung des Wunsches nach schneller Präsentation seiner Chancen berauben. Nimmt er nun dieses Angebot nicht wahr, obwohl er damit Geld hätte verdienen können, so haben Sie als Verkäufer ungeschickt gearbeitet. Also: Wenn Sie wirkliche Highlights haben, diese aber nicht (beispielsweise in der Kürze der Zeit) professionell anbieten können, dann schützen Sie sich und Ihren Kunden vor dem Nichtkauf, indem Sie dieses Angebot beim nächsten Male in Ruhe kundenorientiert vorstellen.

2.7 Verkaufen Sie telefonisch vor bzw. nach!

Sollten Sie es selten schaffen, alle Angebote vorzustellen, so ist zu überlegen, wie dennoch all das verkauft werden kann, was möglich und passend ist. Überarbeiten Sie doch mal Ihre Tourenplanung: Werden alle Kunden so besucht, wie es aus Ihrer Sicht sinnvoll ist? Können eventuell manche Kunden seltener besucht werden? Sollten einige Kunden intensiver betreut werden – vielleicht sogar wöchentlich? In letzterem Fall ist es denkbar, den Kunden abwechselnd persönlich zu besuchen und beim nächsten Mal nur zu telefonieren.

Es gibt nicht nur wirklich erklärungsbedürftige Produkte, sondern auch typische Verbrauchsartikel, die jeder Ihrer Kunden kennt. Das macht dann das Verkaufen erheblich einfacher, da Sie auf weniger Widerstände treffen werden. Der Kunde hat Vertrauen zu dem Produkt – jetzt geht es nur noch um Menge und Preis.

Bevor Sie zum Telefon greifen, ist es wichtig, sich über die richtige Menge Gedanken zu machen. Die richtige Menge ist die, die für Ihren Kunden innerhalb einer angemessenen Zeit aufgebraucht wird. Normal sind vielleicht drei Monate, grenzwertig sind zwölf Monate. Dennoch gibt es Kunden, die der Meinung sind, dass Ware nicht schlecht wird. Sie wollen folglich große Mengen kaufen. Also seien Sie ruhig mutig und arbeiten Sie mit großen Zahlen. Von Ihrem geringen Mut wird sonst Ihr Mitbewerber profitieren; denn Kunden, die kaufen wollen, die kaufen auch – wenn nicht bei Ihnen, dann woanders.

Arbeiten Sie am besten zu Beginn des Gesprächs wieder mit allgemeinen Fakten, und erzählen Sie dann eine kleine Story. Es gibt Verkäufer, die ihren Kunden von einer Überproduktion erzählen, welche nun kurzfristig raus muss. Manche erzählen, dass die Auflage so gering ist, dass sie zwecks Reservierung vorab beim Kunden anrufen, damit der Kunde später nicht verärgert ist, wenn das Angebot ausverkauft ist. Andere behaupten, dass die Gewinne so gut sind und aus diesem Grunde eine telefonische Dankeschön-Aktion gestartet wird. Überlegen Sie sich also ruhig einen originellen Grund, der den Kunden emotional abholt und der ihn anspricht. Jeder weiß, dass Süßigkeiten in Tankstellen teurer sind als beim Discounter. Dennoch kaufen viele dort ein, weil sie gerade vor Ort sind. Ähnlich spontan kaufen auch viele Kunden für sie gängige Ware am Telefon ein.

Menschen werden gerne vor die Wahl gestellt. Überlegen Sie sich drei unterschiedliche Angebote, aus denen der Kunde auswählen kann. Häufig wählen Kunden das mittlere Angebot, weil sie hier das Gefühl haben, den besten Kompromiss zu kaufen. Diese Verhaltensweise können Sie auch gut im persönlichen Verkauf anwenden. Wenn Sie beispielsweise mit Naturalrabatten arbeiten, können Sie dem Kunden folgendes Angebot machen (wobei die erste Menge die zu bezahlende

Menge ist und die zweite die Anzahl an Einheiten, die als Naturalrabatt ohne Berechnung zusätzlich geliefert wird):

- 9 + 3
- 16 + 8
- 28 + 16

Die meisten Kunden werden das mittlere Angebot nehmen.

2.8 Nutzen Sie Aktionen als Türöffner!

Besuche außerhalb des Tourenplans können bei Ihren Stammkunden auch gut ankommen. Doch beachten Sie hierbei bitte, dass bei spontanen Besuchen normalerweise kein Kunde viel Zeit für Sie hat – somit muss Ihre Präsentation sitzen und dem Kunden den Kauf wirklich leicht machen. Aktionen, die als Konzept für bessere Ergebnisse beim Kunden präsentiert werden, sind ebenfalls optimal für die Neukundengewinnung geeignet. Falls manche potenzielle Neukunden dann doch nicht das Angebot wahrnehmen, so haben Sie sich gut präsentiert, bleiben positiv in ihrem Gedächtnis und haben ihnen einen kleinen Einblick in Ihre Welt als Lieferant gegeben.

Viele Unternehmer freuen sich, wenn sie einen losen, aber ehrlichen Kontakt zu alternativen Lieferanten halten können. Schließlich erfahren sie somit, was auf dem Markt los ist.

Manche Wunschkunden, die eine starke Ablehnung zeigen, können mit folgender Argumentation gewonnen werden: „Ich weiß, dass Sie einen Lieferanten haben. Ich weiß auch, dass Sie zufrieden sind. Und ich weiß, dass Sie mich beim letzten Besuch gebeten haben, nicht wiederzukommen. Dennoch sind heutzutage Informationen wichtig und unbezahlbar. Und seit einigen Tagen verkaufe ich Ihren Mitbewerbern sehr erfolgreich ein Konzept zur Umsatzsteigerung. Meine Kunden haben mir gesagt, dass sie damit sehr erfolgreich sind. Wenn Sie mir jetzt zwei Minuten geben, dann wissen Sie, ob Sie mich rausschmeißen oder mir weiter zuhören wollen." Dann schweigen Sie, schauen Ihren Kunden strahlend an und halten in der rechten Hand Ihre Stoppuhr hoch. Und schweigen!

Es ist Ihnen sicher aufgefallen, dass die Gesprächsführung so aufgebaut ist, dass der Kunde zuerst wieder „Ja" denken oder sagen muss. Die positive Wertung des Produkts erfolgt nicht vom Verkäufer, sondern von den Mitbewerbern Ihres Wunschkunden. Das Spiel mit den zwei Minuten hebt Sie von zahlreichen normalen Verkäufern ab und wirkt ein wenig verrückt. Es ist so verrückt, dass es neugierig macht. Die klare Aufforderung, dass der Kunde Sie danach bei Nichtgefallen rausschmeißen soll, macht es vielen Wunschkunden unmöglich, Ihnen den Wunsch um zwei Minuten Gehör abzuschlagen. Halten Sie sich an die zwei Minuten und fragen Sie dann: „Ich habe jetzt zwei Minuten gesprochen. Was halten Sie von meiner Idee?"

Vielleicht ist dies ein ungewöhnlicher Weg. Dennoch ist er gerade deswegen originell und Erfolg versprechend. Es versteht sich von selbst, dass Sie solche Aktionen nur bei wirklich nachweislich erfolgreichen Knüllerkonzepten durchführen sollten. Anderenfalls wird diese Neukundengewinnungsaktion für Sie zum Bumerang.

2.9 Kombinieren Sie die Angebote!

Vielleicht besteht auch die Möglichkeit, zwei oder drei Aktionen zu einem Paket zu schnüren. Denn wenn der Kunde zu diesem Gesamtpaket „Ja" sagt, hat er auch zu den einzelnen Aktionen „Ja" gesagt. Dass er diese hätte auch einzeln kaufen können, weiß er schließlich nicht. Außerdem verpacken Sie das Paket so, dass es als Ganzes einen noch höheren Kundennutzen bietet.

Seien Sie hier kreativ. Wenn Sie nicht gerade zwei oder drei Aktionen miteinander sinnvoll kombinieren können, dann können Sie möglicherweise eine Aktion mit Artikeln aus Ihrem Standardsortiment zusammenstellen, um den Gesamtauftrag zu vergrößern. Falls der Kunde dann zu dem wahren Aktionsartikel „Ja" sagt, aber mit Ihrem einkalkulierten Zusatzartikel nicht einverstanden ist, ist schon viel gewonnen. Schließlich zeigt er seine Kaufabsicht und ist nur noch nicht ganz glücklich mit der genauen Zusammensetzung des Angebots. So bieten sich für Sie folgende Abschlussmöglichkeiten an: „Mal angenommen, ich könnte diese Position gegen eine andere austauschen, die Ihnen gefällt – würden Sie dann kaufen?" Oder: „Wenn es möglich wäre, auf diese Position zu verzichten, würden Sie dann zugreifen?" Wenn der Kunde dieses Angebot so kaufen würde, dann könnten Sie ihm antworten: „Ich weiß noch nicht genau, wie ich das für Sie bewerkstellige, aber verlassen Sie sich darauf, dass es klappen wird." Stimmen Sie nicht zu schnell seinem Vorschlag zu, dies könnte ihn irritieren und womöglich den Wunsch wecken, zukünftig bei allen Aktionen eine Extrawurst zu bekommen.

2.10 Auch Kunden „verkaufen" sich ...

Wenn Sie auf so manche Produkte zurückblicken, die Sie eingekauft haben, werden Sie vielleicht merken, dass Sie genauso glücklich ohne diese Produkte hätten leben können. Falls Ihnen jetzt nichts einfällt, so laufen Sie am besten zu Ihrem

Bücher- oder CD-Regal oder werfen Sie einen Blick in Ihren Kleiderschrank. Hier gibt es immer wieder viele Spontankäufe, die dann im Nachhinein doch nicht lohnend waren.

Das Gleiche passiert auch Ihren Kunden. Sie sehen Ihren Kunden vielleicht nur alle vier Wochen, doch möglicherweise sieht Ihr Kunde Ihren Artikel, bei dem er sich „verkauft" hat, jeden Tag. Manche Kunden ärgern sich dann über sich selber, andere ärgern sich über den Verkäufer, der ihnen „nun doch mal wieder etwas aufgeschwatzt hat".

Dies birgt natürlich viel Konfliktpotenzial. Wenn ein Verkäufer geschickt Produkte oder Konzepte platziert, die im Nachhinein doch nicht nützlich für den Kunden waren, wird sich der Kunde zukünftigen Aktionen immer mehr verschließen. Denn wenn er sich beispielsweise bei vier Aktionen verkauft hat, weshalb soll dann die fünfte Aktion für ihn kein Fehlkauf sein?

Überlegen Sie sich, wie Sie dem Kunden helfen können: Wie wäre es mit einem Austausch über den Kofferraum oder mit einer Retournierung der Ware zur Gutschrift? Fragen Sie den Kunden nach seinem Lösungsvorschlag – viele Kunden erwarten gar keine großen Gegenleistungen.

Wertschätzend ist es immer, wenn Sie beim aktuellen Besuch über die Ware sprechen, die Sie dem Kunden zuvor verkauft haben. Denn möglicherweise hat der Kunde Probleme bei der Umsetzung oder mit dem Abverkauf. Wie dem auch sei, seien Sie kein Reinverkäufer, sondern ein Rausverkäufer. Nur so sind und bleiben Sie für den Kunden ein wertvoller Partner.

Außerdem hilft Ihnen dieses Verhalten bei zukünftigen Aktionen. Wenn der Kunde nämlich skeptisch ist, können Sie zu ihm sagen: „Wir haben in der Vergangenheit immer Lösungen gefunden, wie wir miteinander verfahren, wenn mal etwas nicht läuft. Nun wissen wir beide nicht genau, wie es mit dieser Aktion sein wird. Wir wissen es erst, wenn wir es ausprobieren. Wir haben über die Chancen gesprochen. Chancen bekommt nur der, der Chancen eine Chance gibt und sie nutzt. Führen Sie die Aktion durch. Sie stehen eh auf der sicheren Seite, weil ich Ihnen im Notfall gerne wieder helfe! Am besten nehmen Sie das größere Sortiment. Hier bekommen Sie das beste Preis-Leistungs-Verhältnis. Was halten Sie davon?" (Abb. 2.2)

2.10 Auch Kunden „verkaufen" sich …

Abb. 2.2 Wie Sie es schaffen, alle Aktionen vorzustellen

Frage 3: Wie bekomme ich mehr Neukunden?

Schon viele Jahre bin ich in meinem Verkaufsbezirk. Die Kunden haben sich an mich gewöhnt und bestellen mittlerweile so gut wie von alleine. Ich halte meine Kunden für sehr pflegeleicht und bin dankbar für dieses Gebiet. Bereits seit vielen Jahren erfülle ich die Umsatzvorgaben und verdiene im Verhältnis zu meinem Arbeitsaufwand richtig gutes Geld.

Dennoch nervt mich mein Chef. Immer wieder will er, dass ich neue Kunden gewinne. Er müsste doch genau wissen, dass ich meinen Bezirk im Griff habe und ich ihm seine Umsätze gut hole. Immer wieder sage ich ihm das und bekomme dann zu hören, dass die Neukundengewinnung eine Vorgabe der Geschäftsleitung sei. Sollte ich keine neuen Kunden akquirieren, würde ich ihm Schwierigkeiten bereiten: Mein Verhalten würde wie Arbeitsverweigerung aussehen. Doch ehrlich gesagt graust es mir ein wenig, Unternehmen zu betreten, die Neuland für mich sind. Sicher, ich verliere auch hin und wieder Kunden, aber dann verkaufe ich meinen bestehenden Kunden zum Jahresende einfach ein wenig mehr. Was mache ich jetzt am besten?

Jessica H. aus W.

Dieses Kapitel enthält Videos und Dateien, die mit der kostenfreien SN More Media App aus dem iOS- und Android-Store abspielbar oder downloadbar sind. Dazu einfach die Abbildungen, die das App-Logo tragen, scannen

Elektronisches Zusatzmaterial Die elektronische Version dieses Kapitels enthält Zusatzmaterial, das berechtigten Benutzern zur Verfügung steht https://doi.org/10.1007/978-3-658-27252-4_3. Die Videos lassen sich mit Hilfe der SN More Media App abspielen, wenn Sie die gekennzeichneten Abbildungen mit der App scannen.

© Springer Fachmedien Wiesbaden GmbH, ein Teil von Springer Nature 2019
O. Schumacher, *Was viele Verkäufer nicht zu fragen wagen*,
https://doi.org/10.1007/978-3-658-27252-4_3

3.1 Achten Sie auf Ihre innere Einstellung!

Es ist ganz natürlich, hin und wieder Kunden zu verlieren. Dies kann auf Ihre Arbeit zurückzuführen sein, die Ursachen können aber auch außerhalb Ihres Einflussbereichs liegen. Wie dem auch sei, Fakt ist, dass es keine sicheren Kunden gibt. Es kann immer etwas passieren. Vieles liegt schlussendlich an Ihnen, aber bei Weitem nicht alles. Machen Sie sich nicht immer sofort für alles verantwortlich, stellen Sie sich aber auch der Situation, wenn Sie für diese verantwortlich sind.

Seien Sie stets mit allen Sinnen beim Kunden, um mögliche Veränderungen in der Kundenbeziehung sofort wertschätzend zu hinterfragen. Sie haben die Möglichkeit, vieles wieder geradezubiegen, auch wenn Sie nicht immer der Verursacher sind. Doch als Verkäufer sind Sie nun einmal stets Ansprechpartner Nr. 1 und automatisch aus Kundensicht für alles, was Ihre Firma betrifft, hauptverantwortlich.

Überprüfen Sie doch einmal, wie viel Umsatz Sie im Schnitt im Jahr durch verlorene Kunden einbüßen. Egal, wie viel es ist – es kann leider immer noch mehr werden. Wie viel Umsatz generieren Sie jedes Jahr zusätzlich mit Neukunden? Es ist ganz unerheblich, wie groß die Schere ist: Sie und Ihr Unternehmen können nur wachsen, wenn Sie die Neukundengewinnung engagiert vorantreiben.

Die Gewinnung mancher Kunden kann Jahre dauern. Sie werden wahnsinnig unter Druck geraten, wenn Sie plötzlich ein oder zwei gute Kunden verlieren, aber zu wenige bis gar keine potenziellen Kunden haben, die Sie kurzfristig zu kaufenden Kunden verwandeln. Da speziell Ihre besten Kunden die Wunschkunden Ihrer Mitbewerber sind, sind möglicherweise viele Jahre Arbeit notwendig, um diese Deltas dann wieder auszugleichen.

Es ist mental ein erheblicher Unterschied, ob Sie neue Kunden gut gebrauchen könnten oder haben müssen. Ein Dialog mit dem Kunden mit der inneren Haltung „Du kannst in meine heile Welt kommen, wenn Du magst – es liegt an Dir, ob Du ein schöneres Leben haben willst" wirkt wesentlich faszinierender auf Kunden als „Ich brauche Dich unbedingt als Kunden, sonst kann ich meine Miete nicht bezahlen!" Ihr Auftreten wird im letzteren Fall ganz anders ausfallen.

Zu dem Zeitpunkt, als Ihre Firma in den Markt ging, hatte sie gar keine Kunden. Über die Zeit hinweg ist sie so gewachsen, wie sie jetzt ist – interessanterweise wahrscheinlich geografisch gesehen überall unterschiedlich. Sicherlich haben damals die verschiedenen Aktivitäten Ihrer Bezirksvorgänger sowie auch die Verkäufer Ihrer Mitbewerber erheblich dazu beigetragen. Was sagt Ihnen das? Die Bezirke sind so, wie sie sind, weil verschiedene Verkäufer unterschiedlich erfolgreich vorher und jetzt darin arbeiten. Die Kunden haben immer gekauft, manche hier und andere dort.

Wenn also so viel vom Geschick der Verkäufer abhängig ist, dann sollte es doch auch Ihnen gelingen, mit Fleiß und Systematik Ihren Bezirk zu entwickeln und bestehende sowie neue Kunden zunehmend zu begeistern.

3.2 Finden Sie heraus, warum Sie für Ihre Kunden unverzichtbar sind!

In Fachbüchern und Seminaren zum Thema Bewerbungstraining lauten zwei gängige Fragen: „Warum sollen wir gerade Sie einstellen?" und „Weshalb möchten Sie ausgerechnet in unserer Firma anfangen?"

Generell ist bei Aussagen zwischen Merkmalen, Vorteilen und Nutzen zu unterscheiden. Merkmale beschreiben eine Sache, Vorteile sind Fertigkeiten, welche aus den Merkmalen entstehen, und Nutzen sind individuelle Mehrwerte für den Kunden.

Nehmen wir als Beispiel ein Auto, das als Merkmal 220 PS hat. Der Vorteil dieses Autos liegt in der sehr schnellen Beschleunigung. Für manchen Fahrer leitet sich primär der Nutzen Sicherheit ab, weil er so zügiger und sicherer überholen könnte. Für einen anderen steht der Nutzen Image im Vordergrund, weil er damit in seinem Freundeskreis brillieren könnte. Nur aufgrund einer sauberen Kundenergründung ist erkennbar, worauf der potenzielle Kunde vorrangig achtet. Sollte also gar keine oder nur eine sehr schlechte Kundenergründung durchgeführt worden sein, muss der Verkäufer über passende Nutzenargumente spekulieren oder verwendet gar keine. Im schlimmsten Fall geht der Verkäufer mit dem Interessenten über den Fuhrpark und sagt: „Ja, das hier ist ein sehr schöner Wagen. Er hat 220 PS, verfügt über einen großen Kofferraum, und wir haben ihn ganz neu reingekriegt." Was hat der Kunde von solchen Aussagen? Nichts! Ist es da ein Wunder, wenn er es sich dann noch überlegen will?

Kunden kaufen, weil sie die Vorstellung haben, dass sie durch den Kauf ihre individuellen Wünsche erfüllt bekommen. Der Verkäufer hat also die Aufgabe, sein Angebot in die individuelle Vorstellungswelt des Kunden zu transferieren und dort zu platzieren. Wer dies am besten kann, der wird verkaufen. Voraussetzung hierfür ist natürlich, dass er nicht nur den Kunden berät, sondern auch den Auftrag macht und verkauft.

Überlegen Sie also Folgendes:

- Was haben die Kunden von einer Zusammenarbeit mit Ihnen?
- Wo machen Sie den Kunden das Leben einfacher und angenehmer?
- Wie können Sie die Kunden in punkto Sicherheit unterstützen?

- Wie erhalten Ihre Kunden mit Ihrer Unterstützung mehr Profit?
- Wie können Ihre Kunden mit Ihrer Hilfe ein besseres Image bekommen?
- Wie gelingt es Ihnen, dass Ihre Kunden mehr Freude empfinden?
- Was muss geschehen, damit Ihre Kunden weniger Stress haben?
- Weshalb brauchen Ihre Kunden Ihre Firma, Ihr Angebot und Sie als Verkäufer?
- Würden Sie auch bei sich kaufen? Wo gibt es Entwicklungspotenzial?
- Wie platzieren Sie Ihr Angebot optimal in der Vorstellungswelt des Kunden?
- Wie und wo könnten Sie vom Kunden positiver als Ihre Mitbewerber wahrgenommen werden?

Verkäufer sind elementar wichtig für die Entwicklung der Volkswirtschaft. Sie bringen Innovationen in den Markt und helfen ihren Kunden, ihre Ziele zu erreichen. Je besser Ihre Hilfe beim Kunden ankommt, umso einfacher wird auch Ihr Verkaufsalltag sein. Machen Sie es Ihren Kunden nicht unnötig schwer, bei Ihnen zu kaufen. Fassen Sie sich kurz, argumentieren Sie mit Blick auf Ihre gemeinsame Zukunft und verwenden Sie viele Nutzenargumente. Denn jeder Kunde fragt sich: „Was habe ich davon?" Solange Sie diesen Nutzen nicht mit Begeisterung aufzeigen können, machen Sie es sich und Ihren Kunden unnötig schwer.

3.3 Lösen Sie die Probleme Ihrer Wunschkunden!

„Ich bin zufrieden!" Diese Aussage nimmt vielen Verkäufern den Wind aus den Segeln und raubt ihnen die Lust, Kunden zu akquirieren. Jetzt mal Hand aufs Herz: Würden Sie einem wildfremden Menschen sofort Ihre Probleme erzählen? Es gibt wahrscheinlich bei jedem Menschen private und/oder berufliche Bereiche, die nicht optimal laufen. Vieles könnte besser sein, dennoch wird so manches über die Zeit hinweg akzeptiert. Es würde erheblich stressen, wenn in allen Bereichen stets eine hundertprozentige Zielerreichung anzustreben wäre. Somit ist es natürlich, dass auch Kunden eine Problemhierarchie haben. Nur die Dinge, die momentan ganz oben stehen, sind gegenwärtig für sie relevant.

Nun sind Sie gefragt: Vermitteln Sie Ihrem Kunden (wertschätzend), dass er beispielsweise unter seinen Möglichkeiten lebt. Vielleicht sind Sie ja wesentlich innovativer als sein derzeitiger Lieferant, sodass Ihr Wunschkunde seine Zukunft gefährdet, wenn er so weiter macht wie bisher. Vielleicht erhöht sein Lieferant zu häufig die Preise, und der Kunde weiß nicht, wie er die Preise weitergeben soll.

Übernehmen Sie die Rolle des Problemlösers. Wie wäre es beispielsweise, wenn Sie im Gespräch mit dem Wunschkunden seine zukünftige Situation durchspielen, und zwar unter der Voraussetzung, dass alles so weitergeht wie bisher?

Anschließend stellen Sie ein Szenario auf, wie seine Zukunft aussehen könnte, wenn etwas besser bzw. anders gemacht werden würde.

Denken Sie immer daran: Sie, Ihr Angebot oder Ihre Firma müssen nicht die Besten sein. Es geht darum, in der Wahrnehmung des Kunden besser dazustehen als mit den anderen Möglichkeiten, die er kennt.

Am besten ist es, wenn ein Mensch sich aus eigenem Antrieb verändern will. So ist es ein deutlicher Unterschied, ob die Eltern an ihren Sohn appellieren, etwas nicht mehr zu tun, oder ob der Sohn sich selbst verändern will und eine Verhaltensänderung beschließt. Ähnlich ist es auch bei Ihrem potenziellen Kunden. Sie haben schon sehr viel erreicht, wenn Ihr Gesprächspartner zu sich selbst sagt: „Hoppla, da läuft ja tatsächlich etwas nicht optimal bei mir, im Unternehmen oder bei meinem jetzigen Lieferanten!"

Wecken Sie mit Ihren Fragen und Aussagen beim Kunden den Wunsch zur Verbesserung. Auf diese Weise möchte dann Ihr potenzieller Kunde von sich aus den Lieferanten wechseln.

3.4 Sorgen Sie dafür, dass Sie in Ihrem Bezirk der bekannteste Verkäufer sind!

Häufig ist es so, dass viele Verkäufer in ihrem Bezirk selbst nach Jahren nicht bekannt sind wie der sprichwörtliche bunte Hund.

Angenommen, ein potenzieller Kunde hat ein Problem mit einem Ihrer Wettbewerber. Häufig wird er sich eine gewisse Zeit mit seinem Lieferanten herumärgern. Sobald das Fass voll ist, will er einen anderen Lieferanten. Dazu hat jeder Kunde im Stillen eine mehr oder weniger bewusste Hitliste an Alternativlieferanten. Wenn Sie nicht bekannt sind, auf dieser Liste nicht ganz oben stehen und nicht zufällig am besagten Tag X das Unternehmen betreten, haben Sie keine Chance, der neue Lieferant zu werden.

Was heißt das für Sie? Sie müssen die neuen Kunden kennen – und diese Sie. Seien Sie also dort, wo Ihre Kunden sind. Vielleicht gibt es die Möglichkeit, Vorträge vor relevanten Vereinigungen und Verbänden zu halten. Bringen Sie sich regelmäßig bei Ihren Wunschkunden in Erinnerung. Seien Sie originell. Sie müssen nicht dreimal im Jahr Ihren Wunschkunden in ein Fachgespräch verwickeln. Wenn es beispielsweise extrem heiß ist, könnten Sie an einem warmen Tag „aus heiterem Himmel" gekühlte Getränke reinbringen. Vielleicht ist ein spezieller Feiertag für eine außergewöhnliche Aktion denkbar. Seien Sie einfach natürlich und positiv anders als Ihre Mitbewerber. Damit bringen Sie sich immer mehr bei Ihren Wunschkunden in Erinnerung. Früher oder später machen alle Ihre Mitbewerber Fehler oder Ihre Kunden brauche Hilfe. So steigen Ihre Chancen, auf der „geheimen Alternativliste" Ihrer Wunschkunden an die erste Stelle zu rücken.

3.5 Finden Sie in einem riesigen Bezirk schneller echte Interessenten!

Statistisch gesehen verbringen viele Verkäufer viel zu viel Zeit im Auto, auf Tagungen oder im Büro. Was Sie erfolgreich macht, ist die optimale Ausweitung und Nutzung der „verkaufsaktiven Zeit". Wenn Ihr Bezirk sehr groß ist, dann ist es umso wichtiger, mit Ihrer wertvollen Zeit geschickt umzugehen. Nutzen Sie das Telefon: Rufen Sie an, stellen Sie kurz und knapp Ihre Mehrwerte und Nutzen für den Kunden dar und verlangen Sie einen Termin. Doch leider sieht die Wirklichkeit anders aus: Es gibt eine natürliche Schutzreaktion des Kunden, potenzielle Lieferanten am Telefon gar nicht bis zum Entscheider durchkommen zu lassen. Sie müssen also einen anderen Weg einschlagen.

Der Musterbrief in Abb. 3.1 bietet eine Hilfestellung. Ich hatte mir zunächst Fachzeitschriften der Friseurbranche angesehen und einige Adressen von Firmen herausgesucht, die in diesen Magazinen Anzeigen geschaltet haben. Ziel war es, diesen Haarkosmetikanbietern Trainings für ihre Außendienstmannschaften zu verkaufen. Diesem einseitigen Schreiben hatte ich einen Flyer meiner Firma beigelegt und das Ganze in einem auffälligen Umschlag verschickt.

Der Brief wurde so formuliert, dass der Leser anfangs wieder „Ja" denken musste und den Nutzen einer zukünftigen Zusammenarbeit vermittelt bekam. Außerdem wurde ihm erklärt, warum gerade ich für ihn wertvoll bin. Die weiteren Schritte wurden klar kommuniziert: Der Empfänger wurde gebeten, den Flyer zu lesen, und er wurde darüber informiert, dass in Kürze ein Anruf erfolgen wird.

Alle angeschriebenen Firmen wurden an dem in dem Brief avisierten Termin angerufen. Es waren nicht alle Personen sofort erreichbar, dennoch war die Ausbeute überdurchschnittlich. Warum? Weil sich der potenzielle Kunde bereits vorab grundsätzlich Gedanken über die Nützlichkeit des Angebots machen konnte. Mein Anruf wurde sogar von vielen Firmen schon erwartet. Viele bekundeten Ihr Interesse und wollten mich gerne kennen lernen. Natürlich habe ich ein paar wenige „Neins" gehört. Dies machte aber nichts, da der Aufwand schließlich recht gering gewesen war. In jedem Fall war der Brief aber ein sogenannter „Türöffner".

Ein abgeschickter Brief bedeutet jedoch keinesfalls, dass man von der Telefonzentrale auch zum Entscheider durchgestellt wird. Ich meldete mich mit folgenden Worten: „Guten Tag, mein Name ist Oliver Schumacher. Ich habe mit Herrn x Schriftverkehr gehabt und ihm für heute meinen Anruf zugesichert." Die

3.5 Finden Sie in einem riesigen Bezirk schneller echte Interessenten!

Oliver Schumacher • Katharinenstr. 3 • 49809 Lingen (Ems)

Max Beauty GmbH
Frau Frauke Mustergültig
Mustergasse 11
99999 Musterhausen

Lingen, 02.08.2015

Haare wachsen von alleine – Umsätze und Gewinne nicht

Sehr geehrte Frau Mustergültig,

Sie haben im Fachmagazin „Wir sind die Besten" eine einseitige Anzeige veröffentlicht. Letztlich werden Anzeigen zur Kundengewinnung und -bindung geschaltet. Oder anders gesagt: Es geht darum, neue Umsatz- und Gewinnchancen zu ergreifen.

Gerne möchte ich mich Ihnen kurz vorstellen: Über 10 Jahre bin ich Leistungsträger im Verkauf bei der Wella AG gewesen. Seit nun rund 6 Jahren trainiere ich zahlreiche Hersteller und Großhändler in der Beauty-Branche. Darüber hinaus habe ich fünf Bücher bei renommierten Verlagen veröffentlicht sowie mehrere hundert Fachartikel.

Wenn Sie möchten, bin ich Ihnen gerne bei der Erreichung Ihrer vertrieblichen Ziele nützlich, beispielsweise durch Trainings oder Verkaufsbegleitungen.

Um eine mögliche weitere gemeinsame Vorgehensweise zu besprechen, rufe ich Sie am 11.08.2015 an.

Gute Verkaufsresultate
wünscht Ihnen
Ihr

Oliver Schumacher, M.A.
Sprechwissenschaftler

PS:
Bitte schauen Sie sich die beiliegende Imagebroschüre mit aussagekräftigen Referenzen zur Vorbereitung an.

Oliver Schumacher, M.A.
Katharinenstraße 3
49809 Lingen (Ems)

Fon 0591 6104416
Mobil 0151 26705555
os@oliver-schumacher.de

Sparkasse Emsland
Kto 1 080 002 569
Blz 266 500 01

USt-IdNr.: DE267443938

Abb. 3.1 Musterbrief für Akquise

Durchstellung erfolgte nahezu immer. Wurde dann doch einmal nach weiteren Details gefragt, so erwiderte ich: „Es geht um die Anzeige in der Zeitschrift x. Anzeigen werden letztlich geschaltet, um Interessenten zu finden, darum rufe ich an." Vielleicht denken Sie jetzt, dass die Aussage nicht ganz der Wahrheit entsprach. Das stimmt. Vollkommen unwahr war sie aber auch nicht. Letztlich geht es ja darum, im Verkauf weiterzukommen. Wenn das Angebot für den Kunden wirklich nützlich und sinnvoll ist, dann ist auch eine solche Argumentation im Sinne des Kunden.

Probieren Sie es einfach mal aus. Schreiben Sie einen kurzen knackigen Brief: Formulieren Sie Ihr Angebot und den damit verbundenen Nutzen. Kündigen Sie Ihren verbindlichen Anruf an, und testen Sie die Wirksamkeit Ihres Briefes an beispielsweise 20 potenziellen Kunden.

Natürlich können Sie auch direkt telefonieren, ohne zuvor einen Brief zu versenden. Aber häufig sorgt der innere Schweinehund dafür, dass man dann doch nicht zum Telefon greift. Wenn Sie jedoch einen Brief schreiben und ein konkretes Datum nennen, wann Sie anrufen werden, lassen sich die Anrufe nicht mehr aufschieben. Wer dann trotzdem nicht anruft, dem ist wirklich nicht mehr zu helfen …

3.6 Schauen Sie sich nach schwachen Mitbewerbern um!

In jedem Bezirk arbeiten unterschiedliche Verkäufer Ihrer Mitbewerber. Jeder Verkäufer denkt und handelt ein wenig anders. Somit kommen bei den Kunden die jeweilige Persönlichkeit und der entsprechende Arbeitsstil unterschiedlich gut an.

Es gibt häufig ein bis zwei Verkäufer, die außergewöhnlich gut in einem Bezirk ankommen und einen hervorragenden Ruf genießen. Dann kommt das Mittelfeld, und zum Schluss gibt es ein bis zwei Verkäufer, die für die Kunden eher eine Belastung darstellen als eine Bereicherung.

Wenn ein Verkäufer recht frisch im Bezirk ist und noch keinen guten Ruf erworben haben kann, ist es gut möglich, dass er am Ende dieser Kette steht. Es kann aber auch sein, dass ein Unternehmen plötzlich Qualitäts- oder Imageprobleme hat. Häufig können die Verkäufer gar nichts dafür, werden aber vor Ort an den Pranger gestellt. Durch die zunehmende Verweildauer im Bezirk, durch saubere und zuverlässige Arbeit sowie durch die regelmäßige Ansprache von Wunschkunden steigt ein Verkäufer zwangsläufig in der Wahrnehmungshierarchie der Kundschaft auf.

Sie sollten wissen, welcher Verkäufer wo seine Reviergrenzen in Ihrem Bezirk hat. Es geht hier schließlich ums Verkaufen. Daher sind Schwächen Ihrer Verkäuferkollegen hemmungslos – aber vor dem Kunden wertschätzend – auszunutzen.

Wenn Sie beispielsweise wissen, dass eine Mitbewerberfirma häufig den Verkäufer aus irgendwelchen Gründen austauschen muss, dann ist es sehr gut, wenn Sie gerade dort Kontinuität zeigen und regelmäßig aufschlagen. Die Bindung Ihres Wunschkunden zu Ihrem Mitbewerber wird mit jedem Personenwechsel schwächer, da letztlich der Mensch vor Ort das Bindeglied ist. Somit ist der Kunde zunehmend schlechter informiert und muss sich stets auf einen neuen Menschen einstellen.

Die Fehlerhäufigkeit ist bei neuen Verkäufern groß: Aus diesem Grund sind Kunden meist unglücklich über einen Austausch. Wenn Sie schon längere Zeit Kontakt zum Kunden halten, stellen Sie sozusagen für den Kunden einen Fels in der Brandung dar: Sie sind erfahren und wissen, wie Probleme gelöst werden, Sie sind regelmäßig bei dem Kunden, und er fühlt, dass Sie Interesse haben. Schlussendlich hätte er unterm Strich weniger Stress und Probleme, wenn er schon früher mit Ihnen zusammengearbeitet hätte. Denn jeder Personenwechsel verlangt von allen Beteiligten, sich auf Neues einzustellen. Und das bedeutet zwangsläufig Unsicherheit und erfordert Geduld, bis die Chemie stimmt. Der Kunde wusste, woran er war, doch was kommt jetzt?

3.7 Behalten Sie auch Ihre ehemaligen Kunden im Blick!

Manchmal ist es aus. Von heute auf morgen. Vielleicht war es abzusehen, möglicherweise auch ein Schock. Doch Kunden zu verlieren gehört leider dazu.

Schlagen Sie die Tür vor Enttäuschung und Frustration zum ehemaligen Kunden nie ganz zu, es sei denn, der Kunde ist menschlich gesehen eine Belastung und er hat Sie unterm Strich mehr gekostet als gebracht. Denn möglicherweise merkt der Kunde über die Wochen und Monate der neuen Zusammenarbeit, dass er doch das ein oder andere vermisst. Wenn nun aber der Kunde das Gefühl hat, dass Sie sowieso nichts mehr mit ihm zu tun haben wollen, dann kommt er garantiert nicht mehr zu Ihnen zurück. Er sucht sich zwangläufig eher einen anderen Lieferanten, anstatt zu Ihnen zurückzukehren: Dann freut sich der „lachende Dritte".

Halten Sie einen freundschaftlichen losen Kontakt mit ihm. Sagen Sie ihm, dass Sie die Zusammenarbeit sehr geschätzt haben und ihn als Kunden wieder haben möchten.

Damit Sie wissen, wo Sie künftig bei Ihren ehemaligen Kunden wieder ansetzen können, sollten Sie Antworten auf folgende Fragen finden:

- Was könnte ihm an der Zusammenarbeit gefallen haben?
- Was wohl weniger? Wo habe ich noch Potenzial?

- Was könnte er an seinem neuen Lieferanten vermissen?
- Was könnte ihm am neuen Lieferanten besonders gut gefallen? Was kann ich dem entgegensetzen? Was wären gute Gesprächsaufhänger, um wieder ins Geschäft zu kommen – oder zumindest den Kontakt zu halten?

Diese Fragen sind auch für Sie selbst sehr aufschlussreich, und der Kunde spürt, wenn Sie weiterhin am Ball bleiben, dass Ihnen der Verlust nicht egal ist, sondern Sie wirklich weiterhin an einer Geschäftsbeziehung interessiert sind. Durch Ihre gemeinsame Vergangenheit, die möglicherweise wegen einer Lappalie gescheitert ist, kann das Wiederaufleben Ihrer guten Geschäftsbeziehung viel einfacher sein. Denn Sie und Ihr Kunde wissen, was Sie beide voneinander hatten.

Wenn nun Ihr nachfolgender Lieferant dieses Niveau nicht halten bzw. erhöhen kann, wird er letztlich für Sie arbeiten. Dazu ist es elementar wichtig, weiterhin gemeinsam mit dem ehemaligen Kunden in eine gedankliche erfolgreiche Zukunft zu reisen und die unschönen vergangenen Erlebnisse ruhen zu lassen. Seien Sie also nicht nachtragend, wenn ein Kunde Sie verlässt. Vielleicht hätten Sie es an seiner Stelle auch so gemacht. Lernen Sie daraus und nutzen Sie die Erkenntnisse für zukünftige Argumentationen mit allen Ihren Kunden. Sollte der Fehler auf Ihre Arbeit zurückzuführen sein, so denken Sie immer daran: Dumm ist nicht der, der Fehler macht. Dumm ist der, der Fehler wiederholt.

3.8 Kümmern Sie sich um Empfehlungen!

Sie haben Kunden. Manche kaufen bei Ihnen, weil sie einfach zufrieden sind. Andere sind wirkliche Fans. Viele freuen sich, wenn Sie noch erfolgreicher werden. Schließlich gibt es jedem Kunden ein gutes Gefühl, mit einem Verkäufer zu arbeiten, der erfolgreich ist. Deswegen werden Ihnen auch viele Kunden bei der Neukundenakquise helfen wollen.

Voraussetzung ist allerdings, dass Sie dies auch Ihrem Kunden mitteilen. So wäre es beispielsweise denkbar, einen treuen Kunden einfach mal um Argumente, die für Sie sprechen, zu bitten. Folgende Formulierung hat sich bewährt: „Lieber Kunde, wir arbeiten jetzt schon sehr lange zusammen. Ich habe das Gefühl, dass wir beide hier sehr viel Freude und Erfolg haben. Wie Sie wissen, gehört es zu meinen Aufgaben als Verkäufer, auch regelmäßig neue Kunden zu gewinnen. Was gefällt Ihnen an der Zusammenarbeit mit mir, die möglicherweise auch für andere potenzielle Kunden interessant sind?" Sie werden hier Dinge hören, mit denen Sie vielleicht gar nicht gerechnet haben. Oftmals weichen nämlich das Selbstbild und das Fremdbild voneinander ab. Bekanntlich sind jedoch nur die vom Kunden wahrgenommenen Vorteile und Nutzen entscheidend. Mithilfe dieser Frage erfahren Sie viel und kommen wieder einen Schritt weiter.

Auch wenn Sie Angst haben, diese Frage zu stellen, weil Sie möglicherweise befürchten, dass der Kunde gar nicht weiß, weshalb er gerne mit Ihnen zusammenarbeitet, sollten Sie die Frage stellen. Denn noch arbeitet der Kunde mit Ihnen zusammen. Wenn er jetzt Probleme offenbart, so können diese rechtzeitig gelöst werden.

Mit einer ähnlich formulierten Einleitung können Sie auch nach Referenzen fragen. Viele Kunden sind über Verbände organisiert oder kennen sich über ehemalige oder neue Mitarbeiter. Kunden kennen häufig ihre Mitbewerber besser als Verkäufer ihre Kunden. Stellen Sie eine Liste mit fünf Adressen zusammen, auf der Kollegenbetriebe Ihres Kunden stehen, eventuell wird dann diese Liste von Ihrem Kunden noch ergänzt. Beispielsweise könnten Sie sagen: „Als Verkäufer gehört es auch zu meinen Aufgaben, regelmäßig neue Kunden zu gewinnen. Ich habe recherchiert und einige Adressen gefunden. Was meinen Sie, für wen könnte mein Angebot ebenfalls nützlich sein?" Überreichen Sie ihm nun die Liste. Er wird sich vermutlich zu der Liste äußern und Ihnen den einen oder anderen Tipp geben. Die Liste bietet den Kunden sozusagen eine Grundlage zum konkreten Nachdenken. Vermutlich wird er dann nicht nur sagen: „Da habe ich keine Idee."

Sollten Ihnen diese Methoden zu aufdringlich erscheinen, so überlegen Sie sich etwas anderes. Auf jeden Fall müssen Sie sich um die Neukundengewinnung kümmern. Wenn Sie diese vorgeschlagenen Wege also nicht ausprobieren möchten, weil Sie sich im Moment damit nicht gut fühlen, so probieren Sie andere Möglichkeiten. Denken Sie immer daran: Ihr Mitbewerber sucht sich auch Wege, um Ihre Kunden zu gewinnen.

3.9 Suchen Sie systematisch nach neuen Kunden!

Bekommen Sie es wirklich immer mit, wenn ein neuer potenzieller Kunde in Ihrem Bezirk sein Geschäft eröffnet oder auf andere Art und Weise plötzlich Bedarf an Ihrem Angebot entsteht bzw. besteht? Viele Verkäufer sind ganz überrascht, wenn irgendwo ein neuer Betrieb aufgemacht hat, den sie durch Zufall auf ihrer Tour sehen. Doch leider haben diese gewöhnlich dann schon einen Lieferanten, der sie bereits ausreichend beliefert hat.

Wichtig sind hier Ihre Kontakte. Denn Kontakte bringen Kontrakte. Ihre Kunden wissen vielleicht von einem neuen Mitbewerber. Möglicherweise stehen auch entsprechende Stellenanzeigen in der Zeitung. Es gibt regionale Gründervereine, die gewöhnlich über den Landkreis organisiert sind. Vielleicht müssen Ihre Kunden auch einen Meisterbrief machen oder andere Zugangsvoraussetzungen erfüllen. Deshalb sollten Sie zu den entsprechenden Stellen einen guten Kontakt pflegen.

Eventuell ist bei Ihnen ein Empfehlungssystem denkbar. Sagen Sie Ihren Kunden, dass Sie sich über Empfehlungen freuen würden. Schon alleine diese Aussage kann vieles bewirken. Wenn sich dann tatsächlich aus der Empfehlung ein Auftrag ergibt, sollten Sie Ihren Kunden mit einem kleinen Dankeschön belohnen.

Durchforsten Sie das Internet. Hier gibt es häufig Branchenverzeichnisse mit zahlreichen Adressen. Über manche Verbände kann man auch viel erfahren.

Bleiben Sie hier stets am Ball. Denn jeder neue Mitbewerber Ihres Kunden könnte sich auch negativ auf die Um- und Absätze mit Ihnen auswirken. Vielleicht ist es für Sie sinnvoll, beim neuen Mitbewerber Ihres Kunden ein weiteres Standbein aufzubauen?

3.10 Steter Tropfen höhlt den Stein …

Für viele Verkäufer ist die Neukundenakquise ein rotes Tuch. Die hiermit verbundene Arbeit erscheint ihnen wesentlich anspruchsvoller als die Bestandskundenpflege. Die Neukundengewinnung steht und fällt mit dem Selbstbild des Verkäufers und seiner Argumentation.

Sicherlich können sich einige Verkäufer auf einer großen Zahl von Bestandskunden ausruhen: Ihre Jahreszielerfüllung und ihr Einkommen scheinen gesichert zu sein. Dennoch ist die Betreuung von Bestandskunden nicht die einzige Aufgabe. Denn der Trend geht immer mehr zur telefonischen Kundenbetreuung und zur Betreuung mithilfe von Online-Bestellsystemen. Folglich werden immer mehr Verkäufer benötigt, die nicht nur verkaufen, sondern auch Kunden gewinnen können. Oder anders ausgedrückt: Ihr Arbeitgeber erwartet von Ihnen – seinem Verkäufer – zunehmend mehr.

Auch die finanziellen Anreize der Arbeitgeber beziehen sich immer mehr auf die Neukundengewinnung, und mit der Bestandskundenpflege kann immer weniger Geld verdient werden, wenn das Potenzial ausgeschöpft ist.

Deshalb: Kümmern Sie sich regelmäßig um neue Kunden. Planen Sie Kontakte systematisch ein, sodass Sie regelmäßig neue Kunden besuchen und ihnen die Chance der Zusammenarbeit geben. Wenn es Ihnen gelingt, Neukundengespräche mit einer solchen Selbstverständlichkeit in Ihren Wochenplan einzubauen wie das Autofahren innerhalb Ihres Bezirkes, so haben Sie einen enormen Wettbewerbsvorteil. Je aktiver Sie hier sind, umso aufgeregter werden Ihre Mitbewerber. Je mehr Kunden diese an Sie verlieren, desto mehr Fehler werden sie machen, da ihnen zunehmend die Lust an der Arbeit vergeht und sie schnell in einen Negativkreislauf geraten. Nutzen Sie diesen Vorteil! (Abb. 3.2)

3.10 Steter Tropfen höhlt den Stein …

Abb. 3.2 Wie Sie mehr Neukunden gewinnen

Frage 4: Wie setze ich Preiserhöhungen besser durch?

Gestern bekam ich per E-Mail die Information, dass wir in sieben Wochen die Preise erhöhen. Ehrlich gesagt konnte ich deshalb die ganze Nacht nicht schlafen. Meine Kunden werden mich verfluchen. Die schimpfen eh schon oft genug, weil wir teurer sind als viele andere. Mit gutem Zureden konnte ich bisher die meisten Kunden überzeugen, mir weiterhin treu zu bleiben.

Doch jetzt das. Schon wieder neue Preise! Ich weiß gar nicht, wie ich mich hier verhalten soll. In wenigen Tagen bekomme ich die gedruckten Preislisten. Wenn ich die meinen Kunden überreiche, dann gibt es wieder unendlich lange Diskussionen. Am liebsten würde ich die Preislisten gar nicht verteilen, denn ich glaube nicht, dass die Kunden alle Rechnungen immer so genau prüfen. Aber das ist sicherlich der falsche Weg. Was kann ich machen, damit meine Kunden weiterhin gerne – trotz Preiserhöhung – bei mir kaufen?

Dieter K. aus B.

Dieses Kapitel enthält Videos und Dateien, die mit der kostenfreien SN More Media App aus dem iOS- und Android-Store abspielbar oder downloadbar sind. Dazu einfach die Abbildungen, die das App-Logo tragen, scannen

Elektronisches Zusatzmaterial Die elektronische Version dieses Kapitels enthält Zusatzmaterial, das berechtigten Benutzern zur Verfügung steht https://doi.org/10.1007/978-3-658-27252-4_4. Die Videos lassen sich mit Hilfe der SN More Media App abspielen, wenn Sie die gekennzeichneten Abbildungen mit der App scannen.

© Springer Fachmedien Wiesbaden GmbH, ein Teil von Springer Nature 2019
O. Schumacher, *Was viele Verkäufer nicht zu fragen wagen*,
https://doi.org/10.1007/978-3-658-27252-4_4

4.1 Nicht jeder Kunde reagiert gleich …

Für jeden bedeuten steigende Einkaufspreise steigende Kosten. Wenn sich auf der anderen Seite die Umsätze nicht entsprechend entwickeln, bedeutet dies zwangsläufig weniger Gewinn bzw. einen geringeren Deckungsbeitrag. Daher ist es auf der einen Seite durchaus normal, wenn sich die Kunden über steigende Einkaufspreise ärgern. Auf der anderen Seite gibt es aber auch viele Kunden, die über Jahre hinweg von ihren Lieferanten so erzogen worden sind, dass sich die Preise regelmäßig nach oben hin verändern. Für diese ist es dann teilweise vollkommen normal – beispielsweise jeweils zum Jahresanfang –, eine neue Preisliste zu erhalten.

Sollten Sie also womöglich Magenschmerzen haben, weil Sie nun die „schlechte Nachricht" zu übermitteln haben, so befreien Sie sich davon. Rufen Sie sich zur Veranschaulichung Ihre Kundenbeziehungen in Erinnerung: Von den 100 Kunden, die Sie haben, haben Sie vielleicht mit vier Kunden Probleme. Wenn Sie dann über Ihre Arbeit nachdenken, lenkt Ihr Unbewusstsein Sie häufig auf diese vier. Sofort startet Ihr innerer negativer Dialog. Aber was ist mit den anderen 96 Kunden, die Sie mögen oder vielleicht sogar sehr schätzen?

Jeder Kunde, der diese Preisinformation von Ihnen bekommt, muss reagieren. Vermutlich wird er sich in Gedanken blitzschnell damit beschäftigen, wie er diese Preisanpassung umsetzt. Vielleicht hat er eh schon neue Verkaufspreise kalkuliert und gewohnheitsgemäß Ihren Anteil berücksichtigt. Möglicherweise plant er aber auch eine Preissenkung, weil er selbst gerade Kunden verliert und aus diesem Grund eine andere Strategie ausprobieren will oder gar muss. Eventuell sieht er sich aber auch als Opfer und weiß sowieso weder ein noch aus, sodass es auf das eine Problem, das Sie ihm mit der Preiserhöhung nun bereiten könnten, nun auch nicht mehr ankommt.

Vielleicht hat der Einkäufer Verständnis für Ihre Situation, weiß aber nicht, wie er diese neuen Werte bei sich intern durchsetzen soll. Eventuell sind gerade Mitarbeiter zugegen, und der Kunde möchte sich jetzt richtig aufspielen: Er dreht vor seinen Mitarbeitern und Ihnen verbal mächtig auf, um zu zeigen, wer hier der Chef ist.

Wie dem auch sei, zur Übergabe der neuen Preislisten gibt es gute und weniger gute Momente. Ein wenig Glück gehört sicherlich immer dazu, um den besten Moment zu erwischen. Sie können diesen Punkt aber optimal vorbereiten.

4.2 Achten Sie auf Ihre Körpersprache!

Alle wissen es: Die Körpersprache ist wichtig. Dennoch ist sich kaum jemand seiner Körpersignale voll bewusst. Wenn Sie darauf achten, dann werden Sie überall Menschen sehen, bei denen Sie eine Körpersprache wahrnehmen und deuten können. Viele körpersprachliche Signale interpretieren Sie richtig, andere dagegen nicht. Manche Menschen legen vielleicht meisterhafte schauspielerische Leistungen an den Tag.

Strahlen Sie Kompetenz und Wertschätzung aus. Stehen Sie gerade, halten Sie Kontakt mit beiden Füßen fest auf dem Boden und bleiben so natürlich wie möglich. Schauen Sie dem Kunden auch nicht mehr oder weniger in die Augen als sonst. Das Unbewusstsein Ihres Gegenübers wird bemerken, ob Ihre Körperhaltung stimmig ist oder nicht. Aus eigener Erfahrung wissen Sie doch selbst, wie Menschen in Ihrer Umwelt sich darstellen, wenn diese etwas gemacht haben, was vermutlich nicht bei Ihnen ankommt. Typische Signale sind schnellere Atmung, größere Pupillen, Schweißausbrüche, devote Körperhaltung sowie schnelleres oder zumindest anderes Sprechen.

Um also Ihr Gegenüber mit Ihrer Körpersprache nicht unnötig zu provozieren, ist es extrem wichtig, dass Sie diese Preisanpassung zunächst sich selbst verkaufen. Denn wenn Sie mit Ihrer Persönlichkeit und Ihrem Verstand nicht voll dahinter stehen, werden Sie automatisch Ihre Körpersprache sowie auch Ihre Wortwahl schwächen.

Bereiten Sie sich auf mögliche Einwände und Vorwände vor und überlegen Sie, wie Sie professionell und wertschätzend, dennoch aber verbindlich und endgültig, die neuen Preise verkaufen.

4.3 Planen Sie Ihre Wortwahl!

Die deutsche Sprache verfügt über sehr viele Worte. Menschen sind es gewohnt, nahezu immer mit gleichen Worten zu kommunizieren, obwohl sie die gleiche Botschaft auch anders formulieren könnten. Einzelne Wörter verursachen unterschiedliche Emotionen beim Empfänger. Achten Sie mal darauf, welche Emotionen die unterschiedlichen Formulierungen bei Ihnen hervorrufen (s. Tab. 4.1):

Tab. 4.1 Häufig verwendete Wörter und ihre Alternativen

Raten	= Teilbeträge
Vertrag	= Vereinbarung
Warum …?	= Weshalb …? Was ist der Grund …?
Preisliste	= Preisinformation
Preiserhöhung	= Preisanpassung
Fehler	= Missgeschick
Sie haben gesagt, dass	= Ich habe Sie so verstanden, dass …
Aber	= Und

Egal ob nur einige wenige Artikel im Preis erhöht worden sind oder das gesamte Sortiment: Wenn Ihr Kunde Ihnen zukünftig mehr Geld für die gleiche Leistung geben muss, ist es objektiv eine Preiserhöhung. Es bringt also nichts, drum herumzureden. Sprechen Sie also das Thema klar und verbindlich an. Formulierungen wie „Ja, aber wir haben nicht alle Artikel erhöht ..." oder „Schon seit drei Jahren haben wir die Preise nicht angepasst ..." bringen nichts. Solche Formulierungen laden nahezu jeden Kunden zur Diskussion ein. Normalerweise gewinnt der Verkäufer bei einer solchen Diskussion nicht.

Sprechen Sie besser klar und unverblümt: „Ich habe hier die aktuelle Preisinformation für Sie!" Oder: „Ab nächsten Monat gibt es bei uns eine Preisanpassung – ich habe hier für Sie Ihre Preisübersicht." Danach blicken Sie den Kunden kurz schweigend an. Spüren Sie, ob der Kunde nun darüber mit Ihnen reden will oder nicht. Vielen Verkäufern gelingt es, die Preisaufstellung mit einer solchen Selbstverständlichkeit zu überreichen, dass der Kunde gar nicht rebelliert, wenn daraufhin sofort das Thema gewechselt wird. Vielleicht meinen Sie, es wäre feige, sofort das Thema zu wechseln. Doch dies stimmt nicht: Die Preisanpassung kommt. Es ist dabei vollkommen unerheblich, ob Sie bzw. der Kunde dies wollen oder nicht. Es bringt nichts, sich noch weiter darüber aufzuregen. Überreichen Sie beispielsweise Ihre Kundenzeitschrift, danach die Preisinformation und anschließend zum Beispiel eine Seminarübersicht. Kommentieren Sie diese Handlung nun mit: „Hier habe ich für Sie die Kundenzeitschrift, hier die aktuelle Preisinformation und hier die Seminarübersicht. Ein für Sie möglicherweise interessantes Seminar habe ich speziell für Sie markiert. Schlagen Sie doch mal Seite XY auf."

Bringen Sie das Thema Preiserhöhung am besten immer sofort nach Erhalt der neuen Preisliste hinter sich. Auch hier gilt: Aufgeschoben ist nicht aufgehoben. Früher oder später werden Sie jedem immer eine Preisanpassung verkaufen müssen.

4.4 Nehmen Sie die Ausraster Ihrer Kunden nicht persönlich!

Es gibt ihn wahrscheinlich in jedem Bezirk: den Kunden, vor dem sich nicht nur Mitarbeiter fürchten, sondern auch viele Verkäufer: Die Rede ist vom Choleriker und Schauspieler, der sich über jede Gelegenheit freut, sich größer zu machen, als er eigentlich ist.

Verschiedene Gründe sprechen für dieses Verhalten. Kunden, die als schwierig gelten, aber ein hohes Einkaufsvolumen haben, bekommen erfahrungsgemäß bes-

4.4 Nehmen Sie die Ausraster Ihrer Kunden nicht persönlich!

sere Preise als der liebe und nette Kunde mit gleichem Einkaufsvolumen. Somit macht sich letztlich seine Schauspielerei bezahlt – mit niedrigeren Preisen. Damit ist diese Taktik objektiv gesehen sehr gut.

Es gibt nicht nur Verkäufer oder gar Unternehmen, für die Kunden ausschließlich Mittel zum Zweck sind. Auch manch ein Verkäufer ist für den Kunden wenig wert und dient eher als Mittel zum Abreagieren. Nach einigen Schimpftiraden fühlt sich der Kunde besser und dem Verkäufer geht es schlechter. Aus Kundensicht ebenfalls eine feine Sache, schließlich kann er mit seinen Kunden nicht so umgehen wie mit seinen Lieferanten. Schlussendlich wollen die Lieferanten ihm etwas verkaufen, und da ist für manche ein Rollentausch willkommen.

Überlegen Sie bitte: Wie reagieren Sie, wenn Sie sich aufregen und Ihnen jemand gegenübersteht, der aus Ihrer Sicht etwas verbrochen hat? Was bringt Sie noch „höher" und was bringt Sie wieder „runter"? Erfahrungsgemäß kann sich ein Mensch nur wenige Minuten am Stück aufregen. Am schlimmsten ist es, wenn sich jemand aufregen und aufplustern will, der Empfänger ihn aber – möglicherweise noch mit provozierenden Bemerkungen wie „ist doch nicht so schlimm" – unterbricht. Das heißt für Sie: Lassen Sie den Kunden schreien und brüllen und unterbrechen Sie ihn nicht. Nehmen Sie ihn ernst und verstehen Sie seine Äußerungen als Vorschlag. Es geht nicht darum, dass Sie einer Meinung mit ihm sind, sondern darum, ihm das Gefühl zu vermitteln, dass Sie ihn verstehen, ihn also ernst nehmen. Auch wenn der Kunde steht, so bleiben Sie besser sitzen. Auf diese Weise kann sich der Kunde in seinem Machtspiel noch besser „aufplustern".

Antworten Sie rein sachlich. Hüten Sie sich davor, mit ihm zu jammern oder gar über seine schauspielerische Leistung zu lachen. Falls Sie der Kunde rauswirft, dann achten Sie darauf, dass Sie das Unternehmen mit aufrechtem Gang verlassen. Bleiben Sie wenige Minuten draußen, erholen Sie sich kurz und gehen Sie dann wieder rein. Dieses unerwartete Verhalten wird den Kunden überraschen. Aber Sie signalisieren ihm mit diesem Verhalten Folgendes: Sie sind auch eine Persönlichkeit. Sie können seine Situation verstehen und wollen jetzt gemeinsam mit ihm durch seinen Schmerz gehen. Sie sind nicht feige, sondern stellen sich der Situation. Und zwar genauso, wie er sich der Preisanpassung stellen soll. Typischerweise wird dann der Verkäufer in einem anderen Licht gesehen. Im inneren Monolog des Kunden ist dann beispielsweise zu „hören": „Ja, Du kannst ja auch nichts dafür, Deine Geschäftsleitung hat nun mal keine Ahnung, lass uns jetzt mal einen Kaffee trinken, denn Du bist ein toller Mensch. Aber Deine Idioten da oben …"

4.5 Nutzen Sie Preisanpassungen, um vorher mehr zu verkaufen!

Ein fairer Arbeitgeber wird seine Mitarbeiter, insbesondere seine Verkäufer, wertschätzend und rechtzeitig über seine konkreten Preisanpassungen informieren. Preisänderungen nach oben hin helfen Ihnen letztlich, bei einem Leistungslohn die Provision zu erhöhen, sofern Sie Ihre Kunden behalten und diese mengenmäßig genauso viel kaufen. Da es allerdings keine sicheren Kunden gibt, sollten Sie immer so viel verkaufen, wie der Kunde vertragen kann. Denn wer weiß, ob Ihr Kunde noch beim nächsten Besuch bei Ihnen kaufen wird. Also: Verkauft ist verkauft.

Das bedeutet für Sie: Laden Sie Ihre Kunden zu größeren Bevorratungen wegen der kommenden Preisanpassung ein. Gewöhnlich wissen Sie und Ihr Kunde eh, was in den nächsten Wochen und Monaten benötigt wird. Wieso sollte der Kunde also die gängigsten Produkte nicht jetzt kaufen, vielleicht auch noch mit einem zusätzlichen Rabatt? Sollte die Preisänderung mit einem Jahresabschluss zusammenhängen, so überprüfen Sie bitte ebenfalls, ob Ihr Kunde nicht mit einem bestimmten zusätzlichen Umsatz die nächste Bonusschwelle erreicht. Vielleicht kann Ihnen Ihre Führungskraft mit speziellen Zahlungsbedingungen oder zinslosen Rückführungen der nun etwas höheren Kundenrechnung helfen.

Was hat Ihr Kunde davon, wenn er vor der Preisanpassung mehr kauft?

- Er hat einen Kostenvorteil, da er im Gegensatz zu seinen Mitbewerbern nicht sofort höhere Preise bezahlen muss.
- Möglicherweise fällt nun sein Bonus höher aus, da mit diesem Auftrag die nächste Schwelle erreicht wird.
- Auf Lager hat er ein paar Produkte mehr, die er sowieso benötigt. Lagerdruck bringt manche Kunden auch dazu, diesen schneller abbauen zu wollen. Folglich treten diese häufig ihren Kunden gegenüber noch engagierter auf und machen letztlich mehr Umsatz.
- Wenn der Kunde alles Gängige auf Lager hat, so sind reibungslose Prozesse möglich, da es nicht zu Engpässen im Hinblick auf die Verfügbarkeit kommt. Letztlich bedeutet dies weniger Hektik und geringere Fertigungskosten.

Vielleicht fallen Ihnen Gründe ein, weshalb eine höhere Lagerhaltung für den Kunden nicht sinnvoll ist. Doch woher wollen Sie wissen, dass die eventuellen negativen Konsequenzen für den einzelnen Kunden ein Einkaufshemmnis sind?

Wenn Sie Ihrem Kunden den etwas größeren Einkauf schmackhaft machen wollen, dann sorgen Sie dafür, dass er einfach „Ja" zu Ihrem Angebot sagen kann.

Welche Artikel braucht er denn sowieso in den nächsten Wochen und Monaten? Hier hätte er nun die Gelegenheit, diese günstig einzukaufen.

4.6 Verkaufen Sie dem Kunden trotz Preiserhöhung noch mehr!

Viele Kunden äußern ihre Wünsche und Bedürfnisse mithilfe von Vorwürfen und Einwänden. Hinter dem Vorwurf „Werdet Ihr schon wieder teurer?" steckt gewöhnlich der Wunsch nach kontinuierlichen Preisen. Alle Beteiligten wissen, dass früher oder später die Preisanpassung kommt. Nun geht es darum, dass alle Beteiligten das Beste daraus machen.

Es gibt Kunden, die könnten höhere Rabatte und Boni bekommen, wenn sie denn mehr bei Ihnen einkaufen würden. Häufig hat der Kunde mal vor Jahren den Kuchen auf Sie und einige Ihrer Mitbewerber verteilt, sodass er insgesamt mehr Bedarf an Ihrem Angebot hätte, aber seinen Bedarf nicht ausschließlich bei Ihnen abdeckt.

Wenn Sie und Ihr Produkt in der Wahrnehmung des Kunden wirklich gut sind, dann spricht nichts dagegen, dass Sie Ihren Anteil beim Kunden ausbauen. Gewöhnlich bringt dies automatisch mehr Spielraum in das häufig starre Konditionsgefüge, sodass der Kunde letztlich durch einen höheren Rabatt bessere Preise bekommt – vielleicht sogar noch bessere Preise als vor der Preisanpassung.

Dieser Gedankengang wird im Alltag häufig vergessen. Vielleicht wirkt er auch ein wenig dreist. Dennoch ist es so, dass der Kunde Unterstützung braucht. Nun geht es darum, diesen Vorschlag wertschätzend zu kommunizieren. Vielleicht ist folgender Weg für Sie denkbar: „Ja, es ist tatsächlich so, die Preise steigen nun wieder. Ich habe mir viele Gedanken gemacht, was wohl machbar wäre, damit Sie vielleicht sogar noch günstiger unsere Produkte beziehen können. Jetzt weiß ich nicht, ob ich Ihnen diesen Vorschlag machen soll." Gewöhnlich wird der Kunde neugierig sein und Sie zum Weitererzählen auffordern. „Nun, es ist so. Wir arbeiten schon seit langer Zeit zusammen. Ich habe das Gefühl, dass Sie mit mir und meiner Arbeit zufrieden sind. Bei den Produkten gab es bisher auch noch nie Reklamationen, sodass an sich alles in Ordnung scheint. Sehen Sie das auch so?" Wenn dieses wieder bestätigt wird, fahren Sie fort: „Wie Sie wissen, ist es immer das gleiche Spiel. Die Großen werden immer größer, oder wer viel hat, der bekommt noch mehr. Sie setzen Produkt y ein. Davon kaufen Sie im Jahr – bitte korrigieren Sie mich – 20.000 Stück ein. Ist das so?" Nach erneuter Bestätigung: „Von diesen 20.000 beziehen Sie bei mir 8000 Stück. Jetzt nur mal angenommen, Sie würden ausschließlich bei mir die Ware beziehen, die Ihnen bisher immer Freude bereitet hat, dann bekommen Sie von mir, so darf ich das dann wirklich machen, X Prozent mehr Rabatt. Das bedeutet für Sie, dass Ihre Kosten durch diese Bündelung um X Prozent gesenkt werden. Das sind XXX Euro. Was halten Sie davon, die Einkaufskosten um XXX Euro zu senken?"

Probieren Sie es aus. Mancher Kunde wird begeistert sein, ein anderer Kunde weiter so einkaufen wie bisher. Geben Sie jedem Kunden die Chance, entweder „Nein" zu sagen oder „Ja". Ärgerlich wird es eigentlich erst dann, wenn Ihr Mitbewerber mutiger ist als Sie und diesen Weg mit „Ihrem" Kunden geht.

4.7 Rechnen Sie die Preisanpassung nicht schön!

Preisanpassung ist Preisanpassung. Dennoch meinen viele Anbieter, dass sie diese mit fadenscheinigen Begründungen ausführlich erklären müssen. Beispielsweise wird in umständlich formulierten Briefen auf die gestiegenen Roh-, Hilfs- und Betriebsstoffe hingewiesen oder andere Unschuldsbeteuerungen abgegeben. Manche Anbieter scheinen mit diesen Schreiben den Kunden mehr auf die Palme zu bringen als mit der tatsächlichen Erhöhung. Sicherlich sind steigende Kosten gute Gründe für eine Preisanpassung, dennoch wird kaum ein Kunde glauben, dass hierbei die Erhöhung der Gewinne Ihres Unternehmens keine Rolle spielt. Ehrlicher ist die Botschaft: „Alles wird teurer – wir auch!"

4.8 Gehen Sie mit Drohungen richtig um!

Wenn Sie nun alle Preisinformationen verteilt haben und in Gedanken das Ganze Revue passieren lassen, wird Ihnen vielleicht einfallen, dass der ein oder andere Kunde direkt oder indirekt mit Abwanderung gedroht hat. Wenn Sie schon länger im Geschäft sind, dann wissen Sie, dass manche Kunden ihre Drohungen umsetzen werden – andere nicht. Manche sofort, andere später …

Stellen Sie sich vor, wie viel der Preis auf der einen Seite der Waage wiegt. Aufgrund der jetzigen Wahrnehmung des Kunden durch das aktuelle Thema Preise wiegt dieser wesentlich schwerer als die andere Seite. Auf der anderen Seite stehen Sie, Ihre Firma und Ihre Produkte. Jetzt geht es darum, dass Sie die entsprechenden positiven Emotionen wecken, die mit Ihrer Firma, Ihren Produkten und Ihnen in der Wahrnehmung Ihres Kunden verknüpft sind. Vielleicht nimmt der Kunde Sie als verlässlichen und nützlichen Ansprechpartner wahr. Wird auch Ihre Firma, die mithilfe von Marketing und Forschung dem Kunden

4.8 Gehen Sie mit Drohungen richtig um!

hilfreich zur Seite steht, um im Wettbewerb zu bestehen, positiv wahrgenommen? Wie ist es mit Ihren Produkten? Sind sie stets funktionsfähig und für viele einfach ein Muss?

Gehen Sie auf den Kunden ein. Vermitteln Sie ihm, dass Sie Verständnis haben für seinen Unmut über die Preisänderung. Sagen Sie beispielsweise: „Ich kann verstehen, dass Ihnen die Preisänderung nicht gefällt. Dennoch ist es so, dass es leider nicht die letzte Preiserhöhung ist. So ist es nun einmal – und was soll ich darum herum reden. Sowohl bei uns als auch bei Ihnen steigen die Kosten. Wissen Sie, so wie in Ihrem Unternehmen, so ist es auch bei uns. Auf der einen Seite steht der Preis und auf der anderen Seite stehen der Nutzen und die Vorteile für Ihre Kunden. Wir beide wollen unsere Kunden halten und neue hinzugewinnen. Da kommen wir beide über Preisanpassungen nicht herum. Lassen Sie uns doch mal gemeinsam überlegen, wie Sie ebenfalls bessere Preise durchsetzen können." Erzählen Sie durchaus auch, dass Sie höhere Preise sehen, aber auch viele gute Ergebnisse aus der gemeinsamen Vergangenheit mit dem Kunden. Während Ihrer Gedankenreise fängt Ihr Kunde an, ein Gegengewicht zum Preis in die Waagschale zu werfen. Wenn dies geschafft ist, haben Sie viel erreicht.

Ziel ist es letztlich, den Preis aus dem Fokus zu rücken und dem Kunden zu verdeutlichen, dass der Preis nicht alles ist und auch er letztlich – früher oder später – höhere Preise durchsetzen muss. Rücken Sie den Preis aus dem Mittelpunkt, indem Sie ihm helfen, selbst bessere Preise zu erzielen.

Erinnern Sie ihn ebenfalls daran, dass er eine gute Gegenleistung von Ihnen für sein Geld bekommen hat.

Zwischendurch gibt es eventuell auch von einigen Kunden regelmäßig Sticheleien im Hinblick auf Ihre Preise oder Ihre nicht konkurrenzfähigen Konditionen. Schließlich werden Kunden auch immer wieder von Ihrem Mitbewerber aufgehetzt. Hier hilft es, Klartext zu reden: „Lieber Kunde, ich höre immer wieder von Ihnen, dass Sie mit meinen Preisen nicht einverstanden sind. Jetzt weiß ich nicht genau, wie ich mich verhalten soll. Wenn ich so tue, als ob es mir egal ist, dann stellen Sie mich eines Tages vor vollendete Tatsachen und ich bin raus. Ich weiß jedoch auch, und das zeigen mir viele meiner Kunden immer wieder, dass mein Angebot sehr nützlich ist. Auch Sie nehmen es wahr. Wenn ich später im Auto sitze, habe ich keine Lust, darüber zu grübeln, ob Sie noch lange mein Kunde sind oder nicht. Ich bin gerne bei Ihnen und freue mich, Ihnen Mehrwerte verkaufen zu können … Wissen Sie was, wir reden jetzt. Wir werden jetzt so lange über diese Situation reden, bis wir danach wissen, ob ich weiterhin Ihr Lieferant bin oder nicht. Dann haben Sie Klarheit – und ich auch. Im Idealfall ziehen wir dann nachher gemeinsam an einem Strang in die gleiche Richtung. Das macht uns beide stark. Was halten Sie davon? Wenn wir uns mal richtig aussprechen, wissen wir anschließend beide, woran wir sind und ob wir weiterhin für uns gegenseitig nützlich sind oder uns nur über kurz oder lang die Zeit rauben."

Nach einem positiv verlaufenden Gespräch wird beiden Seiten dann besonders deutlich, wie hoch die Qualität der bereits bestehenden Geschäftsbeziehung war und ist.

4.9 Entkräften Sie Preiseinwände mit Geschichten!

Bei regelmäßigen Besuchen bleibt häufig Zeit, ein wenig Privates zu erzählen. Nutzen Sie in diesem Zusammenhang die Gelegenheit, bei Ihren Kunden im Unbewusstsein die Botschaft „Was nichts kostet, taugt auch nichts!" einzupflanzen. Da Sie nicht der Billigste sind oder sein wollen, kann dies für Sie sehr nützlich sein.

Menschen hören gerne Geschichten. Sie sind eine willkommene Abwechslung und wecken Emotionen. Jeder freut sich, wenn abenteuerliche Geschichten und Anekdoten erzählt werden. Im Urlaub, im Supermarkt oder im Restaurant gibt es beispielsweise viele Möglichkeiten, Geld loszuwerden. Entsprechend fallen die Resultate aus. Manche Einkäufe sind wahre Schnäppchen und anderes ist schlicht und einfach Wucher oder Beschiss.

Wer hat nicht schon einmal Werkzeug zum absoluten Schleuderpreis im Supermarkt gekauft, das kurze Zeit später kaputt ging? Wer kennt nicht jemanden, der irgendwo in einer schmierigen Spelunke gegessen hat und dem es danach merkwürdig schlecht ging? Oder wer hat noch kein billiges Hotel erlebt, bei denen die Wände mehr Sichtschutz als Lärmschutz waren?

Diese Erlebnisse sagen immer das Gleiche aus: Wer wenig Geld gibt, darf sich über eine schlechte Gegenleistung nicht wundern. Oder positiv formuliert: Kunden, die höhere Preise bezahlen als beim Wettbewerber, die sind auf der sicheren Seite.

Sicherheit ist im Preisgespräch immer ein wichtiges Thema. Viele wissen, was sie an ihrem Lieferanten haben – und das wollen sie nicht aufs Spiel setzen. Bei einem neuen Lieferanten, auch wenn dieser billiger ist, besteht immer die Gefahr, dass es nicht besser, sondern schlechter wird.

Mit Ihren versteckten Botschaften bestätigen Sie Ihren Kunden darin, dass es vernünftig ist, etwas mehr Geld für eine gute Sache zu bezahlen. Außerdem muss sich ein Kunde doch auch fragen, wie angeblich etwas Gleiches deutlich billiger hergestellt werden kann.

Übrigens: Wie verhalten Sie sich eigentlich als Kunde in Preisverhandlungen oder bei Reklamationen? Wenn Sie als Kunde großzügig und kulant sind, warum sollte es denn dann Ihr Kunde nicht auch sein? Sie strahlen schließlich diese Lebenseinstellung authentisch aus! Wenn Sie als Kunde ein Pfennigfuchser sind oder ein Nörgler, wie könnten Sie dann verlangen, dass Ihre Kunden besser zu Ihnen sind?

4.10 Rücken Sie den Preis aus Ihrem mentalen Fokus!

Für viele Verkäufer sind die Themen Preis, Konditionen und Rabatte rote Tücher. Einige Verkäufer haben Angst, auf diese Themen angesprochen zu werden. Denken Sie sich in die Sicht des Kunden hinein. Sie möchten beispielsweise etwas einkaufen, was Sie bisher noch nicht so gut kennen.

Ist es dann nicht natürlich, wenn Sie Ihrem Verkäufer zahlreiche Einwände vorbringen, um die Bestätigung zu bekommen, dass letztlich der Preis die Investition wert ist? Ist es nicht natürlich, dass Sie Ihren Lieferanten zunächst ein wenig argwöhnisch betrachten, wenn Sie erfahren, dass das Produkt XY, das Sie bei ihm beziehen, laut Aussage Ihrer Freunde beim Lieferanten um die Ecke billiger gewesen wäre? Wollen Sie nicht generell wissen, ob Ihr Geld gut angelegt ist und Sie dafür die Dinge bekommen, die Sie auch wirklich wollen und brauchen? Nur Fragen führen Sie weiter.

Wie würden Sie als Kunde reagieren, wenn Ihr Gegenüber auf Preiseinwände plötzlich dominant, rechthaberisch, hektisch, verlegen, nervös oder auf andere Art und Weise ungewöhnlich reagiert? Sie vermuten dann sicherlich, dass irgendetwas an der Sache nicht stimmt, dass noch Luft im Preis drin ist oder die Gegenleistung nichts taugt.

Letztlich ist es egal, wie viel Geld jemand für eine Sache ausgibt, wenn er das bekommt, was er wirklich will und braucht. Für Ihre Kommunikation mit Ihren Kunden bedeutet dies, dass sie das Preis-Leistungs-Verhältnis in den Blick rücken. Wenn Ihr Preis der niedrigste weit und breit ist, dann brauchen Sie Ihr Angebot und Ihre Firma nicht in dem Maß zu positionieren, wie derjenige, der vergleichbare Produkte deutlich teurer bzw. hochwertiger anbietet als Sie. Manche Kunden wollen immer das Billigste, doch manche haben irgendwann auch keine Lust mehr, mit den entsprechenden Konsequenzen zu leben. Komischerweise kommt früher oder später immer jemand, der Ihr Angebot unterbietet.

Also stehen Sie zu Ihren Preisen! Doch vergessen Sie nicht, stets die Nutzen und Vorteile herauszustellen und zu betonen. Stehen Sie Ihrem Kunden hilfreich zur Seite, schätzen Sie ihn nicht nur als Kunden, sondern als Mensch. Fragen Sie ihn, was ihm wichtig ist, welche Probleme und Herausforderungen er mit Blick auf die Zukunft sieht. Machen Sie sich Gedanken darüber, wie Sie mit Ihrem gesamten Portfolio nützlich und wertschöpfend für ihn sein können. Der Kunde will sicher sein, dass Sie Ihren Preis wert (preiswert!) sind (Abb. 4.1).

Abb. 4.1 Wie Sie Preiserhöhungen durchsetzen

Frage 5: Wie kann ich mit weniger Arbeit genauso viel oder mehr Geld verdienen?

Ich weiß, dass ich im Laufe meiner Verkaufstätigkeit immer mehr Routine bekommen habe. Sicherlich haben sich auch bei mir hier und da Gewohnheiten eingeschlichen, die unnötig bzw. überflüssig sind. Nun habe ich den Wunsch, meine Arbeit zu optimieren: Ich möchte entweder etwas weniger Zeit einsetzen und fast das Gleiche verdienen oder mit gleichem Zeiteinsatz mehr Geld verdienen. Ehrlich gesagt wäre mir Letzteres sogar noch lieber, denn ich arbeite sehr gerne und wüsste gar nicht, was ich mit meiner zusätzlichen Freizeit anfangen sollte. Außerdem könnte ich das zusätzliche Geld gut für meine privaten Ziele gebrauchen. Doch mehr möchte ich auch nicht unbedingt arbeiten.

Thomas K. aus D.

Dieses Kapitel enthält Videos und Dateien, die mit der kostenfreien SN More Media App aus dem iOS- und Android-Store abspielbar oder downloadbar sind. Dazu einfach die Abbildungen, die das App-Logo tragen, scannen

Elektronisches Zusatzmaterial Die elektronische Version dieses Kapitels enthält Zusatzmaterial, das berechtigten Benutzern zur Verfügung steht https://doi.org/10.1007/978-3-658-27252-4_5. Die Videos lassen sich mit Hilfe der SN More Media App abspielen, wenn Sie die gekennzeichneten Abbildungen mit der App scannen.

© Springer Fachmedien Wiesbaden GmbH, ein Teil von Springer Nature 2019
O. Schumacher, *Was viele Verkäufer nicht zu fragen wagen*,
https://doi.org/10.1007/978-3-658-27252-4_5

5.1 Machen Sie sich ein Bild von Ihrer Zeitverwendung!

Es ist wichtig, mit seiner Zeit wertschätzend und sinnvoll umzugehen. Schließlich kann keiner die vergangenen Sekunden, Minuten, Tage etc. zurückholen. Doch jeder Tag ist ein neuer Anfang: Es ist nie zu spät, Dinge zu ändern und Neues auszuprobieren.

Wenn Sie schon mehrere Jahre in Ihrem Bezirk für Ihre Firma tätig sind, dann kommt Ihnen folgende Situation bestimmt bekannt vor: Sie führen Ihre Tagestouren im gleichen Rhythmus durch wie schon lange, freuen sich auf dieselben Kunden wie schon immer, und die nervigen Kunden scheinen sich auch nicht mehr zu ändern. Zu Hause wird die häufig als lästig empfundene Büroarbeit wie immer hinter sich gebracht: Einiges wird schnell erledigt, anderes auf die lange Bank geschoben. Manche Dinge werden getan – nicht weil sie sinnvoll sind, sondern weil ein Kollege sie erwartet. Vermutlich, weil es schon immer so war. Vielleicht finden Sie sich hier voll und ganz wieder. Falls es noch nicht so schlimm ist, dann umso besser. Denn je weniger stark die Routine und die Frustration Einzug gehalten haben, desto leichter ist eine Veränderung der Situation möglich. Die Zeit, in der Sie Umsätze und Gewinne erwirtschaften, ist Ihre wichtigste Zeit. Leider gibt es viele Dinge, die auch noch zu Ihrem Alltag gehören. Machen Sie sich stets klar, ob Sie mit dem, was Sie tun, wirklich kurz- bis mittelfristig Geld verdienen.

Wenn Sie aufmerksam sind, werden Sie viele Bereiche finden, die Sie unnötig Zeit und somit Potenzial kosten: uneffektive Büroarbeit, nicht durchdachte Touren, ungenügende Besuchsvorbereitung und vieles mehr.

5.2 Überprüfen Sie Ihre Tourenplanung!

Sobald ein Verkäufer einen neuen Bezirk bekommt, übernimmt dieser üblicherweise die Tourenplanung seines Vorgängers. Die kann normalerweise gar nicht schlecht sein, sonst wäre Ihr Vorgänger gar nicht erst so gefahren, oder? Wenn Sie aber nicht im selben Ort wohnen wie er, dann ist sehr wahrscheinlich die Ausgangsbasis schon jetzt falsch.

Die Tourenplanung ist für eine optimale Kundenbetreuung enorm wichtig. Das Optimum ist dann erreicht, wenn Sie genau dann Kontakt zu Ihren Kunden haben, wenn diese Sie brauchen. Die Betonung liegt auf brauchen – bestellen könnten sie ja eigentlich bei Ihnen auch telefonisch. Brauchen bedeutet also eher eine Hilfestellung – eine Bestärkung, in Ihnen den bestmöglichsten Lieferanten gefunden zu haben oder Ähnliches, das einen persönlichen Einsatz verlangt.

5.2 Überprüfen Sie Ihre Tourenplanung!

Vielleicht ist dieser Denkansatz ein wenig neu für Sie. Schließlich fahren die meisten Verkäufer in ihrem Bezirk herum, damit sie vorrangig Ware verkaufen. Das sollen Sie bitte auch weiterhin machen, wenn es Ihre Geschäftsleitung verlangt und Sie entsprechend bezahlt werden. Doch ist es wirklich sinnvoll, womöglich alle Kunden im gleichen Rhythmus zu besuchen oder spontane Neukundentermine (manchmal werden hoffentlich auch Sie aus heiterem Himmel angerufen) auf die lange Bank zu schieben, weil die nächsten Tage mit Stammkunden voll ausgelastet sind?

Folgende Denkanstöße helfen Ihnen weiter:

- Wissen Ihre Kunden genau, wann Sie sie wieder besuchen werden?
- Wenn nein, dann werden diese vermutlich auch nicht mit einem vorbereiteten Auftrag auf Sie warten. Entweder vereinbaren Sie jeweils beim letzten Besuch einen Termin für den nächsten oder Sie versenden vorab Aviskarten bzw. Mails.
- Haben Sie genügend Zeit eingeplant für Neukundenbesuche und plötzliche – aber übliche – Vorgänge?
- Ist der Besuchsrhythmus wirklich bei jedem Kunden ideal, oder wäre es auch möglich, den einen oder anderen nur bei jedem zweiten Aufenthalt in der Region zu besuchen?
- Kann es sinnvoll sein, mit gewissen Kunden zwischendurch zu telefonieren?
- Steht Ihr Zeiteinsatz für den Kunden im angemessenen Verhältnis zum tatsächlichen Umsatz bzw. zum Potenzial?
- Wann ist eigentlich Ihr Mitbewerber vor Ort? Können Sie „zufälligerweise" stets einen Tag früher beim Kunden sein?
- Haben Sie insgesamt Ihre Tagestour so organisiert, dass Sie möglichst kurze Fahrten zum ersten Kunden sowie kurze Fahrten vom letzten Kunden zu Ihnen nach Hause haben?
- Sind Sie so organisiert, dass wichtige Kunden die Möglichkeit haben, ohne großen Aufwand am nächsten Tag wieder von Ihnen besucht zu werden?
- Wenn Sie mit Tages- oder Uhrzeitterminen arbeiten: Könnten Sie davon noch mehr einbauen oder müssten Sie eher weniger Termine ausmachen, weil Sie diese häufig sowieso nicht pünktlich einhalten können?

Jeder gesparte Kilometer bringt Ihnen mehr Zeit für Wichtigeres. Deswegen planen Sie Ihre Tour gründlich und überprüfen Sie alle paar Monate, ob sie so noch sinnvoll ist. Rufen Sie Ihre Kunden umgehend an, wenn Sie feststellen, dass Sie einen Termin nicht genau einhalten können. Schließlich möchten Sie ja auch, dass Sie der Kunde anruft, wenn er Ware braucht oder er den Termin nicht wahrnehmen kann.

5.3 Achten Sie auf Ihre Büroorganisation!

Die Büroarbeit ist für viele Verkäufer der Wermutstropfen im Alltag, vermutlich weil hier Dinge zu erledigen sind, die anscheinend unwesentlich und somit unproduktiv wirken.

Es liegt an Ihnen, die wesentlichen von den unwichtigen Dingen schnell zu unterscheiden und entsprechend zu behandeln. Wenn Sie viele Aufgaben im Büro zu erledigen haben, dann fangen Sie jetzt an, diese anzugehen. Es befreit ungemein zu wissen, dass nichts mehr im Büro „anbrennen" kann. Außerdem ist es meist so, dass viele Dinge, wenn Sie sie nicht weiterbearbeiten, sich unnötig verzögern – womöglich noch zu Lasten Ihres Kunden.

Es hat sich bewährt, Aufgaben sofort zu erledigen, die nur wenige Minuten in Anspruch nehmen. Für die anderen Aufgaben planen Sie bitte einen festen Termin, beispielsweise jeden Freitagnachmittag, ein. Das gibt Ihnen die Sicherheit, dass nichts zu lange bei Ihnen liegen bleibt und Sie somit bewusst oder unbewusst belastet: „Oh, ich habe so viel zu tun – ich traue mich gar nicht ins Büro!"

Jede Aufgabe ist nahezu unendlich streckbar. Besonders bei Tätigkeiten, die einem nicht gefallen, ist die Gefahr groß, für jede Ablenkung dankbar zu sein. Stellen Sie am besten einen Wecker auf beispielsweise 60 min. Nehmen Sie sich fest – aber realistisch – vor, bis zum Klingeln des Weckers bestimmte wichtige Dinge erledigt zu haben. Nach den 60 min machen Sie eine Pause. Sie erhöhen somit Ihre Konzentration und letztlich Ihre Produktivität.

Häufig sammeln sich verschiedene Vorgänge an. Setzen Sie hier Prioritäten und erledigen Sie die Dinge, die Ihre Kunden betreffen, zuerst. Es wäre sehr unprofessionell, wenn beispielsweise eine Gutschrift nicht sofort erstellt wird, nur weil Sie mit Ihrer Arbeit dafür nicht Sorge tragen. Achten Sie darauf, Dinge nicht aufwendig wegzusortieren, wenn Sie nach dem Ablageschema eh nur selten einen Beleg suchen. Häufig reicht es sogar, die einzelnen Belege auf einem Stapel nach Eingang zu sortieren, statt diese womöglich in die einzelnen Kundenmappen wegzusortieren, nur weil spontan einmal im Jahr einer Ihrer vielen Kunden eine Rückfrage dazu hat.

Nutzen Sie die Zeit im Büro, um Ihre verkaufsaktive Zeit vorzubereiten. Bereiten Sie Präsentationen und Argumentationen vor, vereinbaren Sie Termine und stellen Sie alle Unterlagen zusammen, damit Ihre Kundenbesuche professionell von Ihnen durchgeführt werden können. Sorgen Sie dafür, dass alle Unterlagen, die Sie für Ihre Besuche benötigen, in ausreichender Menge vorhanden sind: füllen Sie rechtzeitig Ihren Koffer bzw. Ihr Auto nach.

Überlegen Sie, wie Sie einzelne Prozesse so gestalten können, dass sie Ihnen sicherer und strukturierter von der Hand gehen. Gehen Sie dabei alle Tätigkeiten, auch diejenigen, die Sie schon öfters erledigt haben, vom Ablauf her noch einmal in Gedanken durch. Wie könnten die Vorgänge noch produktiver von Ihnen erledigt werden?

Es ist positiv, wenn Sie Ihre internen Abläufe so organisiert haben, dass Ihre Kunden nicht wegen Ihrer schlechten Organisation Probleme bekommen. Das gewisse Qualitätsminimum ist die nächste Stufe: Auch Ihre Kollegen dürfen nicht in Schwierigkeiten kommen, nur weil Sie Ihre Büroorganisation nicht im Griff haben. Perfekt ist es dann, wenn kaum jemand schneller und besser Ihre Arbeit erledigen könnte. Vergessen Sie nicht: Die meiste Büroarbeit bringt Ihnen über kurz oder lang kein Geld – somit werden Sie bitte nicht zur Geisel Ihres eigenen Büros. Sie müssen nur alles gut organisiert haben!

5.4 Bereiten Sie Gespräche besser vor!

Einige Verkäufer schaffen, obwohl sie Mitarbeiter der gleichen Firma sind, nahezu doppelt so viele Gespräche am Tag und erreichen vom Ergebnis her sogar mehr als das Doppelte. Woran liegt das? Viele Menschen haben Probleme damit, wertschätzend und strukturiert auf den Punkt zu kommen. Unprofessionelle Gesprächsführung ist ein Zeitfresser und für den intelligenten Kunden eine Zumutung.

Lernen Sie, falls Sie es noch nicht beherrschen, kunden- und nutzenorientiert zu sprechen und zu fragen. Führen Sie keine langen Reden, weil Sie sich gerne reden hören. Es ist nicht so, dass Sie Ihren Kunden mit umfangreichen Beratungen unterm Strich mehr verkaufen können. Denn ein guter Berater ist noch lange kein guter Verkäufer.

Manche Verkäufer glauben, sie müssten immer (!) jedes Gespräch mit einer intensiven Aufwärmphase beginnen. Vielleicht ist es gerade aus diesem Grund für viele Außendienstmitarbeiter unvorstellbar, bereits nach dem vierten Satz mit der Präsentation und dem Verkaufen zu beginnen. Was nützt es, sich mit dem Kunden zehn Minuten aufzuwärmen, sich womöglich noch über an den Haaren herbeigezogene Themen zu unterhalten, wenn danach nicht mehr genügend Zeit für das Verkaufen bleibt?

Viele Kunden werden es schätzen, wenn Sie recht früh sagen: „Lassen Sie uns am besten erst einmal die geschäftlichen Dinge erledigen, dann haben wir danach den Kopf frei, um uns ein wenig zu unterhalten." Daher ist es auch ganz natürlich, sofort zu Beginn des Gespräches alle notwendigen Unterlagen auf den Tisch zu legen. Sie sind schließlich da, um zu verkaufen – und Ihr Kunde weiß das auch!

Überlegen Sie, wie Sie Ihr Gespräch strukturieren und gestalten können, sodass Sie schnelle „Jas" und konkrete „Neins" des Kunden bekommen. Kunden wollen kaufen. Kunden müssen kaufen. Letztlich liegt es an Ihnen, ob diese mit Ihnen die Geschäfte machen. Mit Ihrer Wortwahl können Sie maßgeblich die Freude beim Einkaufen erhöhen und sich zu einem geschätzten Gesprächspartner katapultieren. Manche Verkäufer fürchten, zu aufdringlich zu wirken. Doch was würden Sie als viel beschäftigter Einkäufer schätzen: einen Verkäufer, der endlos redet und anscheinend Angst vor Ihrem „Nein" hat, oder einen motivierten Menschen, der Ihnen strukturiert und systematisch seine Ideen und Konzepte professionell vorstellt und auch mutig und engagiert nach Aufträgen fragt? Schieben Sie nun nicht Ihr Alter vor: Es ist nie zu spät, an seiner Kommunikation zu arbeiten!

Vergessen Sie nie, dass Ihr Einkommen speziell von diesen Tätigkeiten abhängt. Weiterbildungen in diesem Bereich machen sich schnell bezahlt.

5.5 Setzen Sie sich mehr Limits und machen Sie mehr Termine!

Bei vielen Menschen kommt die eigene persönliche Zielsetzung zu kurz. Oftmals werden sie dann von der Arbeit gelebt. Die Folgen können eine zunehmende Motivationslosigkeit bis hin zu ersten depressiven Verstimmungen sein. Es kann dramatische Folgen haben, wenn das eigene Handeln nur noch fremdbestimmt ist.

Setzen Sie sich regelmäßig schriftlich fixierte Ziele:

- Wo wollen Sie in einem Jahr stehen?
- Wie kommen Sie dahin?
- Was muss geschehen, damit diese persönliche Zielerreichung gesichert ist?
- Woran merken Sie, wenn Sie vom Kurs abkommen?
- Was bringt es Ihnen, wenn Sie dieses Ziel erreicht haben?
- Wie wollen Sie sich für die Zielerreichung belohnen?

An Ihren persönlich gesetzten Zielen werden Sie persönlich und auch beruflich wachsen. Erwarten Sie nicht, dass Sie ein anderer auf den Weg bringt oder womöglich gar Ihr Arbeitgeber Ihnen regelmäßig wohlwollend Impulse gibt. Es ist Ihr Leben, und Sie sind dafür verantwortlich, es so zu leben, wie Sie es möchten.

Kaum ein anderer Beruf honoriert Leistungsentwicklungen so stark wie der Verkäuferberuf. Genau darum ist es so wichtig und sinnvoll, konzentriert an sich und in seinem Bezirk zu arbeiten.

Starten Sie einige Versuchsballons, und Sie werden überrascht sein, wie einfach das ein oder andere früher oder später von der Hand geht. Erhöhen Sie Ihre persönlichen Ziele: Besuchen Sie beispielsweise jeden Tag einen Kunden mehr als bisher.

Es erwartet niemand von Ihnen, dass Sie von heute auf morgen einen Marathon laufen können. Doch versuchen Sie – beispielsweise jede Woche – 500 m mehr zu laufen. Wenn Sie das hochrechnen, könnten Sie in einigen Jahren tatsächlich diesen Marathon laufen. Es würde Ihnen aber niemals gelingen, wenn Sie nicht endlich mit der Leistungssteigerung anfangen.

Setzen Sie sich auch Limits. Es gibt Kunden, die wahrscheinlich niemals bei Ihnen einkaufen werden. Häufig ahnt und spürt der Verkäufer das auch nach einigen Kontakten. Dennoch wird der Kunde immer wieder besucht. Verabschieden Sie sich hier mit den Worten: „Wir haben öfters unser Glück versucht, leider scheinen wir bisher nicht richtig zusammenzupassen. Sie haben zu tun und auch ich. Ich schaue mal in einem Jahr wieder rein." Ziehen Sie rechtzeitig den Schlussstrich. Ändern Sie die Methode oder lassen Sie es ab einem bestimmten Zeitpunkt einfach sein.

5.6 Definieren Sie Ihre Stärken und Schwächen!

Ein heikles Thema. Wer schätzt schon wirklich seine Stärken und Schwächen richtig ein? Jeder kennt einerseits Menschen, die sich selbst für kleine Lichter halten, aber von uns positiv wahrgenommen werden. Andererseits gibt es Menschen, die sich für super halten, es aber nicht sind.

Mit Vergleichen kommen Sie nicht weiter. Das Vergleichen mit anderen Menschen macht interessanterweise die meisten Menschen über kurz oder lang krank, da sie sich im Normalfall unter Druck setzen. Die Natur selbst kennt das Vergleichen nicht, oder glauben Sie, dass eine Taube denkt, wenn sie an einer Futterstelle auf einen Raben trifft: „Ui, was für ein schöner Vogel – ich will auch so aussehen!"?

Manche Vergleiche hinken generell. Machen Sie Ihre Stärken und Schwächen an dem Nutzen für den Kunden fest. Je mehr Stärken Sie hier entwickeln, umso mehr werden Sie und Ihr Kunde davon profitieren. Es ist vielleicht interessant, sich mit Kollegen zu vergleichen, doch letztlich zählt die Wertschätzung des Kunden.

Überprüfen Sie somit Ihren Leistungsmaßstab: Was erwartet Ihr Kunde von einem professionellen Unternehmen, einem Spitzenverkäufer und guten Produkten? Wie geben Sie Ihrer Kundschaft das Gefühl, dieses alles bei Ihnen und nur von Ihnen zu bekommen? Es gibt regionale Unterschiede – auch in der Mentalität. Daher gibt es manchmal Verkäufer, die plötzlich eine gegenläufige Entwicklung durchmachen, sobald sie in eine andere Region kommen.

Was sind die Eigenschaften, die Ihre Kunden in der Geschäftsbeziehung auf die Palme bringen? Viele Verkäufer sind unpünktlich, unzuverlässig und über kurz oder lang Laberheinis. Auch wenn Sie das nicht sind, könnten Geschäftspartner, die Sie noch nicht kennen, so denken.

Was honorieren Ihre Kunden? Was wollen Ihre Kunden? Was erwarten Ihre Kunden? Gestalten Sie danach den Anforderungskatalog für Stärken. Alles, was schädlich für die Geschäftsbeziehung ist, kommt in den Schwächenkatalog. Nun überprüfen Sie, möglicherweise auch in Absprache mit Ihnen gegenüber aufgeschlossenen Kunden und Mitmenschen, vielleicht sogar auch mit Kollegen, wo Sie hier stehen.

Wenn Sie sich nun über mögliche Konsequenzen Ihres Verhaltens besser im Klaren sind, können Sie daran arbeiten. Ich weiß, Papier ist geduldig. Doch wenn Sie jetzt nicht anfangen, dann kommen Sie nicht wirklich weiter.

5.7 Machen Sie Pausen und geben Sie auf sich Acht!

Wer viel Spaß bei seiner Arbeit spürt, der vergisst nicht nur die Zeit, sondern manchmal auch das Essen und Trinken. Sicherlich ist es sinnvoll, den Moment auszunutzen, wenn alles fließt und locker von der Hand geht. Auch wäre es ein wenig ungeschickt, wenn Sie gleich beim ersten Termin am Morgen einen riesigen Erfolg verbuchen können und die Tour sofort abbrechen, weil Sie nun Ihr Tagessoll erreicht haben. Denn Erfolge ziehen schnell Erfolge nach sich.

Dennoch ist es wichtig, auch kleine Pausen einzulegen. Viele Menschen, die mehrere 100 km am Stück fahren, halten nur an, um die Toilette aufzusuchen. Ansonsten würden sie durchfahren. Manchmal bemerkt man den Druck gar nicht, vor allem, wenn man noch sehr jung ist. Doch irgendwann ändert sich dies.

Viele Verkäufer, egal ob erfolgreich oder nicht, kompensieren ihren Stress mit Rauchen, ungesundem Essen und flüssigen Drogen. Gehen Sie mal in Gedanken die Ihnen bekannten Verkäufer durch. Zahlreiche Verkäufer haben Übergewicht, und viele haben Bluthochdruck. Manche laufen so schief, als ob sie auf dem Bau arbeiten würden. Das kann auch alles auf Sie zukommen, wenn Sie nicht genügend für sich sorgen. Achten Sie auf Ihren Körper und die Signale, die er sendet, bevor es zu spät ist. Dies kann Ihnen niemand abnehmen.

Stress ist letztlich eine Reaktion. Häufig ist diese Reaktion trainiert und somit automatisiert. Auch wenn es merkwürdig klingt: Die Art und Weise, wie Sie auf unwillkommene Dinge reagieren, haben Sie sich selbst beigebracht – häufig unbewusst durch Abschauen von Ihren Mitmenschen. Es liegt somit an Ihnen, ob Sie brüllen, wenn etwas nicht klappt, oder ob Sie innerlich und äußerlich ruhen und diese Tatsache zur Kenntnis nehmen.

Achten Sie darauf, auch regelmäßig zu entspannen. Zwei Wochen Urlaub alleine reichen nicht. Viele sind nach ihrem Urlaub schon nach den ersten Arbeitstagen wieder urlaubsreif.

Machen Sie im Lauf des Tages kurze Pausen. Halten Sie Ihr Auto an, gehen Sie durch die Landschaft und leben Sie bewusst. Denken Sie daran, dass es noch vieles mehr gibt als Sie, Ihre Firma und Ihre Umsatzziele. Damit erscheinen auch viele Dinge, über die Sie sich aufregen könnten, nicht mehr so extrem wichtig.

Auch wenn Sie vorhaben, den Außendienst irgendwann gegen eine Tätigkeit im Innendienst – vielleicht eine höhere Position – einzunehmen, sollten Sie Folgendes bedenken: Der Stress wird dann auch nicht unbedingt weniger. Und nur weil Sie ein guter Verkäufer sind, der nachweislich vielleicht auch bessere Fähigkeiten und Fertigkeiten als viele Führungskräfte Ihres Unternehmens hat, kommen Sie deswegen noch lange nicht weiter. Mit dieser Perspektive werden auch gerne Spitzenverkäufer an das Unternehmen gebunden, damit sie nicht kündigen und somit noch möglichst lange dem Unternehmen nützlich sind. Leider sind für viele Karrieren eher Beziehungen wichtig als die entsprechenden Kompetenzen.

5.8 Schulen Sie Ihre Kommunikations- und Arbeitstechniken!

Wenn Sie sich verbessern wollen, dann brauchen Sie entsprechenden Input. Dazu gehört es Bücher zu lesen, Hörbücher zu hören und Seminare zu besuchen.

Viele Menschen wollen sich nur ungern weiterbilden. Neue Informationen können tatsächlich das eigene Weltbild ins Wanken bringen. Andere meinen, keine Zeit für Weiterbildung zu finden. Schließlich hätten sie schon genug zu tun und nicht auch noch Zeit für so was. Die dämlichste Ausrede ist der Vorwand, kein Geld für Weiterbildung ausgeben zu wollen, da es sowieso nichts bringen würde.

Wenn Sie so weiter machen wie bisher, dann wird sich an Ihrer Situation nichts ändern. Sie werden die Kunden weiter erreichen, die Sie bisher erreicht haben. Alles, was bisher unmöglich erscheint, bleibt für Sie weiterhin unmöglich. Wenn es Ihnen jetzt gerade sehr gut geht, dann wäre es wirklich schön, wenn es so bleibt. Manch einer könnte dann diese Einstellung verstehen. Doch was ist, wenn plötzlich ein neuer Mitbewerber in Ihrem Bezirk aufschlägt und Ihre Kunden verrückt macht? Was passiert, wenn Sie entlassen werden und woanders arbeiten dürfen? Was machen Sie, wenn Ihr Chef plötzlich durchdreht, Ihnen Ihre Arbeit keinen Spaß mehr macht und Sie Ihren Arbeitgeber wechseln möchten?

Daher ist Weiterbildung sehr nützlich. Sie stärkt Sie und Ihre Kompetenzen, Sie erhöhen Ihren Marktwert. Letztlich werden Sie sogar mehr Freizeit haben, denn Sie haben die Möglichkeit, effektiver und effizienter zu arbeiten.

Sollten Sie also keine Zeit für Weiterbildung finden, dann gefährden Sie Ihre Zukunft. Außerdem könnten Sie dadurch wertvolle Impulse verpassen, wie Sie stressfreier arbeiten und leben könnten.

In der Bücherei gibt es Verkaufsliteratur zum Ausleihen. Bestimmt haben Sie auch Kollegen, die Ihnen gerne ein Buch oder Hörbuch überlassen. Im Internet gibt es viele Wissensseiten, die nützlich für Sie und Ihr Leben sind, wie beispielsweise Podcasts und YouTube. Doch ehrlich gesagt ist „kein Geld für Weiterbildung" ein beliebter Vorwand. Wie würden Sie als Verkaufstrainer diesen Einwand entkräften?

Also: Legen Sie los! Es ist Ihr Leben, und nur Sie können es verändern.

5.9 Tauschen Sie sich mit Kollegen aus!

Vielleicht haben Sie Kollegen, die in manchen Bereichen besser sind als Sie. Fragen Sie sie doch einfach. Gehen Sie auf sie zu oder rufen Sie sie an und fragen Sie: „Ich habe gesehen, dass Sie letzte Woche das Produkt X am erfolgreichsten verkauft haben. Das hat mich sehr beeindruckt und ich habe mich gefragt, ob ich das wohl auch mal schaffe. Was empfehlen Sie mir?"

Verkäufer reden gerne über ihre Erfolge. Vielleicht finden Sie einen Verkäufer, mit dem Sie sich regelmäßig austauschen können, einen, der Sie sozusagen coached und antreibt. Achten Sie darauf, in welcher Gruppe Sie sind: Die besseren und die schlechteren Verkäufer bilden jeweils für sich eine Gruppe. Wollen Sie nun wissen, wie es geht – oder wie es nicht geht?

Kollegen aus anderen Branchen können Ihnen helfen, Dinge komplett anders anzugehen. Häufig ähneln sich die Maßnahmen und die Vorgehensweisen der Firmen innerhalb der Branchen. Wenn Sie plötzlich etwas ganz anders machen, kann Ihnen dies zum Durchbruch verhelfen.

5.10 Hinterfragen Sie Ihr tägliches Tun!

Setzen Sie sich regelmäßig, beispielsweise einmal pro Woche, hin, und überprüfen Sie, ob Sie auf Kurs sind. Was war gut? Was hat Sie vorangebracht? Was waren die Elemente, die Sie zum Erfolg führten? Was können Sie daraus lernen? Es ist ebenfalls wichtig, die Misserfolge zu analysieren. Verwenden Sie mehr Zeit für die Analyse der positiven Erlebnisse. Es ist wichtig, dass die Liste der positiven Erlebnisse immer länger wird.

Es klingt vielleicht banal: Der erfolgreiche Verkäufer ist erfolgreich, weil er erfolgreichere Tätigkeiten automatisiert hat und häufiger wiederholt. Andersherum

5.10 Hinterfragen Sie Ihr tägliches Tun!

ist es genauso. Ihre Aufgabe ist es nun, Automatismen im Laufe der nächsten Wochen und Monate zu entwickeln, um die Erreichung Ihrer Ziele sicherzustellen.

Je besser Sie Ihre Arbeit optimieren, umso leichter und schneller werden Sie weiter auf Kurs kommen und den Kurs halten können (Abb. 5.1).

Abb. 5.1 Wie Sie weniger unproduktiv arbeiten

Frage 6: Wie habe ich weniger Hemmungen bei der Kaltakquise?

Ich werde noch wahnsinnig. Ich weiß, dass ich neue Kunden brauche. Ich weiß ebenfalls, dass mein Angebot sehr wertvoll für meine Kunden ist und dass ich somit wirklich etwas habe, was meine Kunden voranbringt. Doch ich verkrampfe total, sobald ich wildfremde Menschen anrufen oder besuchen muss. Wenn mich jemand anspricht oder ich bei meinen Kunden bin, dann geht mir alles locker von der Hand bzw. von meinen Lippen. Doch sobald ich einen Unbekannten anrufen will, würde ich am liebsten gleich den Hörer liegen lassen. Manchmal lege ich mich sogar auf das Sofa und jammere vor lauter Enttäuschung über mich selbst vor mich hin. Um einem möglichen Anschiss von meinem Chef zu entgehen, habe ich sogar schon mal Telefonprotokolle gefälscht. Meinem Chef kann ich doch nicht einfach sagen, dass ich mich nicht traue, wildfremde Menschen anzurufen. Mit Besuchen ohne Termin bei potenziellen Kunden ergeht es mir ähnlich. Das Ganze kann doch nicht so schwer sein! Aber irgendwie habe ich in meinem tiefsten Inneren eine Sperre.
André S. aus O.

Dieses Kapitel enthält Videos und Dateien, die mit der kostenfreien SN More Media App aus dem iOS- und Android-Store abspielbar oder downloadbar sind. Dazu einfach die Abbildungen, die das App-Logo tragen, scannen

Elektronisches Zusatzmaterial Die elektronische Version dieses Kapitels enthält Zusatzmaterial, das berechtigten Benutzern zur Verfügung steht https://doi.org/10.1007/978-3-658-27252-4_6. Die Videos lassen sich mit Hilfe der SN More Media App abspielen, wenn Sie die gekennzeichneten Abbildungen mit der App scannen.

6.1 Erhöhter Puls ist normal …

Wer sich in einer komplett neuen Situation befindet, bekommt viele Eindrücke von außen. In Stresssituationen werden dann häufig sogar Erlebnisse und Eindrücke ins Negative uminterpretiert. Stellen Sie sich vor, Sie sprechen zum ersten Male vor einer Gruppe von zehn Leuten. Diese Personen sind Kollegen Ihrer Firma. Sie sprechen über ein Thema, das Sie gut vorbereitet haben. Plötzlich merken Sie, dass der Herr ganz vorne, der irgendeine wichtige Funktion im Innendienst erfüllt, auf einmal die Arme verschränkt. Weiter hinten sehen Sie, dass ein Herr seinem Nachbarn etwas zuflüstert, der daraufhin nickt.

Es liegt nun an Ihnen, wie Sie die skizzierte Situation interpretieren: Den Herrn vom Innendienst haben Sie gerade „verloren", denn warum sollte er sonst seine Arme verschränken und damit seine innere Abwehrhaltung unterstreichen? Der Kollege, der sich kurz mit dem anderen unterhalten hat, hat sich bestimmt gerade über Ihre Aussage mokiert. Also kommt Ihr Vortrag nicht gut an, und Sie sind gerade dabei, zu versagen.

Doch vielleicht ist auch Folgendes geschehen: Der Herr vom Innendienst ist sehr angetan von Ihnen und Ihrem Vortrag. Damit er sich voll auf Sie konzentrieren kann – und jeder sieht, dass er nicht gestört werden will – verschränkt er seine Arme, um Ihnen weiter interessiert zuzuhören. Der flüsternde Kollege teilt seinem Nachbarn mit, dass er große Stücke auf Sie hält und sich sicher war, dass Sie diese Aufgabe souverän bewältigen werden. Er freut sich für Sie, dass Sie vorne den Vortrag halten.

Ähnliches geht manchen Verkäufern vielleicht auch bei der Neukundengewinnung durch den Kopf:

- „Womöglich störe ich den Interessenten?"
- „Wenn er wirklich etwas brauchen würde, dann hätte er mich doch angerufen."
- „Nun muss ich wieder wie ein Bittsteller auftreten."
- „Ich brauche doch gar keine neuen Kunden, ich schaffe meine Jahresziele doch auch mit meinen bestehenden."

Doch vielleicht denken Ihre Gesprächspartner:

- „Was für ein Glück, den wollte ich eh immer schon einmal anrufen!"
- „Oh, interessant, mein Mitbewerber arbeitet auch mit dem!"
- „Vielleicht hat er eine zündende Idee, wie ich besser Geld verdiene!"

Positiver Stress ist normal, allerdings gibt es wenig Grund, im Inneren zu verkrampfen und stets das Schlimmste zu interpretieren oder herbeizureden. Wenn Sie leicht nervös in eine Situation, ein Verkaufsgespräch gehen, ist das gut. Sie wirken menschlicher und damit normal. Außerdem nehmen Sie durch diesen positiven Stress wesentlich mehr im Kundengespräch wahr, sodass Sie davon stark profitieren werden.

Falls Sie plötzlich den Faden verlieren, was jedem passieren kann, dann sagen Sie einfach offen: „Hoppla, da habe ich wohl gerade den Faden verloren. Wissen Sie, ich bin schon lange im Außendienst und ich weiß gar nicht, weshalb ich so nervös bin. Aber irgendwie bin ich es, komisch, nicht wahr?" Die meisten Gesprächspartner werden Ihnen helfen, sich zu sammeln und ruhiger zu werden. Die menschlichen Züge und das offene Ansprechen menschlicher Schwächen bringen Ihnen Sympathiepunkte.

6.2 Machen Sie sich klar, was Ihnen neue Kunden bringen!

Jeder Kunde fragt sich, bevor er etwas kauft: „Was habe ich davon? Was bringt mir das?" Sobald hierauf eine einleuchtende Antwort erscheint, manchmal auch nur für kurze Dauer, wird der Kunde kaufwillig oder er entwickelt zumindest Interesse.

So ist es natürlich auch mit Ihnen als Verkäufer. Sie machen schwerpunktmäßig nur das gut und gerne, was Sie sich selbst verkauft haben. Was bringen Ihnen somit neue Kunden?

- Mit neuen Kunden sichern Sie Ihre Um- und Absätze.
- Je mehr Kunden Sie haben, desto leichter fällt es Ihnen, Ihre Ziele zu erreichen. Somit sichern Sie Ihre Einkünfte und bauen diese aus.
- Neue Kunden sind wichtig, um verlorene Kunden wieder auszugleichen.
- Je mehr neue Kunden Sie bekommen, desto mehr erhalten Sie die Bestätigung, dass Ihnen Menschen vertrauen und Sie somit vieles richtig machen.
- Neukundengewinnung gilt für viele als Königsdisziplin. Somit verbessern Sie Ihren Ruf und Ihr Image. Nicht nur bei Ihrem jetzigen und potenziellen Arbeitgebern, sondern auch bei Ihren Bestandskunden.

Letztlich sind es häufig nur die Gewohnheit und mangelndes Selbstvertrauen, die Verkäufer davon abhalten, die Kundengewinnung einfach anzugehen.

6.3 Formulieren Sie den Nutzen, den Sie Ihrem Kunden verkaufen wollen!

Für viele Menschen ist das Schweigen unangenehm. Doch das Schweigen ist eine gute Taktik, um im Gespräch weiter voranzukommen. Wenn Sie als Verkäufer etwas fragen oder ein besonderes Merkmal oder einen Nutzen hervorheben, dann legen Sie öfters eine „Schweigeminute" ein. Warten Sie ab, und geben Sie Ihrem Kunden die Zeit zum Denken und auch zum Antworten. Auf seiner Antwort bauen Sie dann das weitere Gespräch auf. Sie können aber nur dann wirklich gut schweigen, wenn Sie noch einige Argumente in petto haben. Sie werden dadurch ruhig und gelassen, Kurzum: Sie erscheinen souverän.

Doch wie ist es, wenn Sie eigentlich selbst gar nicht wissen, weshalb jemand bei Ihnen kaufen soll? Wenn es so ist, dass Sie womöglich selbst nicht einmal Kunde in dem Unternehmen sein möchten, in dem Sie arbeiten? Dann haben Sie ein ernsthaftes Problem! Denn wenn Sie nicht wissen, was Ihr Kunde verpasst, wenn er nicht mit Ihnen zusammenarbeitet – woher soll es dann Ihr Kunde wissen?

Überlegen Sie sich aus diesem Grunde vorab viele nutzenorientierte Formulierungen, die zu Ihnen und zu der jeweiligen Gesprächssituation passen. Dies gelingt Ihnen umso besser, je genauer Sie wissen, was Ihr Kunde wirklich will. Hierfür müssen Sie dem Kunden gute Fragen gestellt haben. Die Lösungskonzepte, die Sie anbieten, dürfen Sie dem Kunden nicht überstülpen, sondern sozusagen passgenau anfertigen und überreichen. Niemand möchte von einem wildfremden Menschen mit Ausführungen, Produkten, Informationen überrollt werden, für die er sich gar nicht interessiert.

Natürlich werden Ihnen selbst bei der besten Argumentation nicht alle potenziellen Kunden die Tür einrennen. Dies wäre ja auch ein wenig unheimlich. Sie haben auch treue Kunden, von deren Treue Sie profitieren. Ihre Aufgabe ist es aber nun, weiteren Menschen die gleichen Mehrwerte anzubieten, damit sie ebenfalls die Chance haben, mit Ihnen gemeinsam in einem Boot zu sitzen. Manche Wunschkunden werden sofort „Nein" sagen, andere ein wenig später. Das bereitet vielen Verkäufern Stress, weil sie ja nun anscheinend umsonst gearbeitet haben. Doch ausprobieren müssen Sie es, sonst kommen Sie nicht weiter. Je mehr Kunden Sie die Chance geben, bei Ihnen zu kaufen, desto mehr werden es auch gerne wollen.

Wenn Ihr Kunde endgültig „Nein" sagt, dann ist es sein Problem – nicht Ihres! Sie haben versucht, ihn mit Ihren besten Argumenten zu überzeugen. Wenn er nicht will, dann ist es seine Sache. Stellen Sie nun nicht Ihre Kompetenz in Frage. Er will einfach noch nicht und scheint zufrieden zu sein. Dann lassen Sie ihn. Vielleicht sieht es in einigen Monaten anders aus, sodass er sich eine Zusammenarbeit mit Ihnen wünscht. Vielleicht kommen Sie dann „durch Zufall" gerade wieder vorbei, möglicherweise ruft er Sie auch an. Wenn er aber partout nicht will, dann ist das in Ordnung und natürlich – aber nicht Ihr Problem.

6.4 Planen Sie die möglichen Einwände im Voraus!

Häufig sind es immer die gleichen Ausreden und Ausflüchte: „Sie können nichts für mich tun!", „Ich habe bereits einen Lieferanten!" oder „Vielen Dank, ich bin zufrieden!" Es gibt tatsächlich Verkäufer, die sich mit diesen Einwänden zufrieden geben und das Kundenunternehmen wieder verlassen oder den Telefonhörer auflegen. Gut, sie haben es immerhin versucht. Doch ein wenig mehr kann aus solchen Gesprächen schon herausgeholt werden. Dazu müssen Sie es aber auch den Kunden einfacher machen, „Ja" zu sagen.

Je souveräner Sie mit klassischen Kundeneinwänden bei der Neukundengewinnung umgehen, desto überzeugender werden Sie sein. Das erfordert auch viel Fingerspitzengefühl. Sprüche wie „Ja, wollen Sie sich denn nicht verbessern?" oder „Nun, Sie sind doch nicht mit Ihrem Lieferanten verheiratet, oder?" bringen Sie in der Regel nicht voran. Schließlich arbeitet Ihr Wunschkunde mit Ihrem Mitbewerber – und hat dafür auch Gründe. Und selbst dann, wenn er um gewisse Schwächen seines derzeitigen Lieferanten weiß, so wird er ihn in der Regel dennoch verteidigen. Andernfalls würde er Ihnen gegenüber „das Gesicht verlieren". Viele Verkäufer kommen selbst nach Jahren immer noch bei den gleichen Kundenaussagen ins Rudern. Professionell ist es, Einwände systematisch zu erfassen und sich Gedanken zu machen, was Ihre Kunden zu solchen Aussagen veranlasst haben könnte und wie Sie zukünftig mit diesen Aussagen umgehen werden. Nur so ist sichergestellt, dass Sie in Ihrer Argumentationsfähigkeit wachsen und Sie Neukunden gewinnen.

Es gibt viele Seminare und Literatur zum Thema Einwandbehandlungstechniken. Eine sehr starke Technik möchte ich Ihnen hier exemplarisch vorstellen:

Die Einwand-Vorwand-Unterscheidung

Häufig ist die erste Aussage eines Kunden der Vorwand. Vorwände sind Aussagen, die gut klingen, aber nicht unbedingt wahr sind. Sie sind einfach diplomatisch. Wenn Sie einem Kunden eine Lösung zeigen, kann es sein, dass er Ihnen nicht glaubt. Beispielsweise hat er Zweifel an der Qualität. Kaum ein Kunde wird Ihnen sagen, dass er Ihre Aussagen bezweifelt. Er wird etwas Plausibleres sagen, beispielsweise: „Das ist mir zu teuer!" Wenn Sie nun zum Kunden sagen: „Gibt es außer dem Preis noch etwas anderes, was Sie vom Kauf abhält" oder „Mal angenommen, wir finden beim Preis eine faire Lösung, arbeiten wir dann zusammen?", wird der Kunde mit hoher Wahrscheinlichkeit ehrlich zugeben, dass er noch Qualitätsprobleme sieht. Erst wenn Sie diese Ängste beseitigt haben, wird er kaufen. Dann ist der Preis auch nicht mehr so vorrangig. Hätten

Sie ihm aber sofort einen Rabatt angeboten, dann hätte er wahrscheinlich immer noch nicht gekauft, weil das Qualitätsproblem für ihn noch nicht gelöst wäre.

6.5 Entwickeln Sie Ihre persönliche Gesprächsstruktur!

Gewinner erkennt man am Start – Verlierer auch. So ist das auch beim Gesprächseinstieg, insbesondere am Telefon. Wenn Sie nicht gleich geschickt beginnen, dann verliert Ihr Gegenüber schnell sein Interesse oder baut erst gar kein Interesse auf. Doch wie könnten Sie anfangen?

Hin und wieder könnte es Situationen geben, in denen Sie leicht ins Schlingern geraten, weil Ihnen vielleicht eine besondere Eigenschaft Ihres Angebots oder eine gerade jetzt passende Einwandbehandlungstechnik nicht einfällt. Wie können Sie es schaffen, dass Sie kurzfristig eine Übersicht Ihres gesamten Portfolios in Ihrem Gedächtnis abrufen können?

Das Gehirn ist so organisiert, dass es assoziativ – also verbindend – denkt. Sehen Sie die Skizze eines Pkw, fällt Ihnen womöglich Ihr erstes Auto ein, vielleicht auch ein bestimmtes Abenteuer, in dem ein Auto vorkam. Wie dem auch sei, es wird Ihnen etwas spontan dazu einfallen. Diese Fähigkeit des Gehirns kann Ihnen beim Verkaufen entscheidend helfen.

Machen Sie sich Gedanken darüber, welche Gründe für Sie bzw. einen baldigen Gesprächstermin mit Ihnen sprechen. Denn Ihr Gesprächspartner wird sich fragen, welchen Nutzen er von einem Termin mit Ihnen hat. Und wenn Sie auf diese Frage keine plausible Antwort haben, muss er logischerweise ablehnen.

Damit Sie nicht wie ein schlecht geschulter Mitarbeiter eines Call-Centers klingen, der nur Sätze abliest, entwickeln Sie bitte kein allzu starres Konzept. Machen Sie Ihren „roten Faden" mit Schlagwörtern und Skizzen lebendiger. So hat Ihr Gesprächspartner das Gefühl, dass er es wirklich mit einem Menschen zu tun hat – und nicht mit einem Sprachroboter. Auch Sie werden mehr Sicherheit haben, weil Sie einfach flexibler – aber gestützt – an alles Wichtige denken.

Halten Sie also alles kurz und knackig schriftlich fest, was für Ihren Gesprächserfolg am Telefon nützlich sein könnte. Beispielsweise bestimmte Satzfragmente, Fragen oder Argumente, aber auch Gesprächsziele. Denn es bringt nichts, wenn Sie und Ihr Gesprächspartner am Ende des Telefonats nicht wissen, wie es gemeinsam weitergehen soll.

Ergänzen Sie bestimmte Wörter bzw. Aussagen mit Bildern. Dies erleichtert Ihnen das Zurechtfinden auf Ihrem persönlichen Skript. Wichtig ist, dass der gesamte Gesprächsverlauf auf einer Seite zu sehen ist. Wenn also ein DIN A4-Blatt nicht reicht, nehmen Sie ein größeres oder kleben mehrere zusammen. So haben Sie stets den Überblick und die Sicherheit, auf alle Eventualitäten vorbereitet zu sein.

Dieses Skript hängen Sie in Ihrem Büro auf. Wenn Sie nun telefonisch verkaufen, stellen Sie sich vor Ihr Bild. Sie sprechen natürlich und frei, weil Sie keine Worte oder gar Sätze ablesen. Wenn dann eine Aussage oder eine Situation kommt, in der Sie nicht sofort weiter wissen, wird Ihnen diese Skizze helfen, spontan und natürlich zu antworten. Denn Ihre Augen werden über das Bild schweifen, und es werden Ihnen auf die entsprechende Aussage des Kunden aufbauende Formulierungen einfallen. Das gibt Ihnen die Sicherheit, an alles Wesentliche zu denken, und der Kunde fühlt sich gut, weil Sie spontan und frei antworten. Abb. 6.1 zeigt Ihnen als Beispiel eine solche Skizze in den ersten Zügen, die Sie gerne ergänzen und erweitern können.

Sollte es bei Ihren Gesprächen Situationen geben, die Sie bisher in Ihrem persönlichen Skript noch nicht geistig vorweggenommen haben, so machen Sie bitte umgehend Ergänzungen. Sie werden merken, dass nicht nur Ihr Skript langsam wächst, sondern auch Ihr Selbstbewusstsein und Ihre Leidenschaft für das Telefonieren.

6.6 Üben Sie mit Kollegen!

Viele Verkäufer bereiten sich nicht gründlich auf die Präsentation – beispielsweise eines neuen Produktes – vor. Warum auch? Schließlich meinen viele Menschen, dass man entweder verkaufen kann oder nicht. Wenn es wirklich so eindeutig ist, dann braucht ein Verkäufer auch nicht zu üben.

Denn er weiß und kann es schließlich – oder nicht. Dies könnte auch eine Erklärung sein, weshalb viele Menschen im Vertrieb das Gespräch und spezielle mögliche Knackpunkte vorher nicht trainieren.

Die Folgen des fehlenden Übens sind katastrophal: Der Verkäufer übt am Kunden. Doch wenn die Übung fehlschlägt, so ist der mögliche Auftrag verloren. Die Konsequenzen sind ein Auftrag weniger für den Verkäufer und eine verpasste Chance für den Kunden. Daher ist es so wichtig, entweder alleine oder auch mit einem Partner zu trainieren. Es bieten sich hier viele Möglichkeiten an: im Auto bei Fahrgemeinschaften zu einer Tagung, während einer Konferenz oder getrennt voneinander über die Freisprechanlage während der Autofahrt.

Abb. 6.1 Bilder und Schlagworte stärken die Erinnerung

Testen und entwickeln Sie Ihre Argumentationsfertigkeit. Nennen Sie sich gegenseitig Einwände und Kundenaussagen, die für Ihre Branche und Ihre Arbeit zutreffend sind:

- „Das ist mir zu teuer!"
- „Ich bin zufrieden!"
- „Nein, ich habe kein Interesse!"
- „Ihr Mitbewerber hat mir ein gutes Angebot gemacht. Ich glaube, dass ich nichts mehr bei Ihnen bestellen werde!"
- „Ich habe die Rechnung geprüft. Sie haben mir zu wenig Rabatt gegeben. Ich fühle mich von Ihnen betrogen!"
- „Die Ware kam fünf Tage später als vereinbart!"
- „Sie sind zu spät. Wieso rufen Sie mich vorher nicht an, um den Termin abzusagen?"
- „Weshalb soll ich eigentlich noch mit Ihnen zusammenarbeiten?"
- „Der Chef ist gerade nicht zu sprechen!"

Sie werden merken, dass nicht jeder Ihrer Verkäuferkollegen begeistert sein wird, gemeinsam mit Ihnen zu trainieren. Macht auch nichts, Ihr Kollege kann gerne da stehen bleiben, wo er ist. Suchen Sie weiter und besprechen Sie im Notfall Ihr Diktiergerät oder Ihr Smartphone.

6.7 Sorgen Sie für Ihren guten Allgemeinzustand!

Wenn Sie frisch und vital wirken – egal wie alt Sie sind – erhalten Sie vom Unbewusstsein Ihrer Gesprächspartner automatisch mehr Kompetenz zugeschrieben. Somit erleichtern Sie sich Ihre Arbeit, vorausgesetzt, Sie legen Wert auf eine gepflegte Erscheinung.

Kümmern Sie sich um Ihr Aussehen so, wie es Ihre Kunden von einem professionellen Verkäufer erwarten. Dazu gehören nicht zwangsläufig eine Krawatte und ein Anzug. Sorgen Sie einfach dafür, dass Sie auf den ersten Blick sympathisch und kompetent wirken.

Wesentlich schwieriger ist es, Ihren Gemütszustand positiv zu beeinflussen. Es gibt Tage, die scheinen für manche Menschen im Rückblick einfach nicht gemacht. Normal, dass dann ein wenig die Luft raus ist und alles etwas schwerer geht. Dennoch: Hüten Sie sich vor Verallgemeinerungen: Es ist nicht der ganze Tag schlecht, wenn das erste Gespräch schlecht gelaufen ist, sondern nur der Anfang des Tages.

Vielen Verkäufern hilft es, ein Erfolgstagebuch zu schreiben. Es werden jeden Tag mindestens vier positive Punkte notiert, die ihnen gefallen haben und worüber sie sich freuen. Falls es denen mal schlecht geht, schauen sie in ihre Notizen. Sie wissen dann nach kurzer Zeit, dass sie schon viele tolle Momente und Erfolge verbuchen konnten und schöpfen daraus neue Kraft und Zuversicht.

Stimme überträgt Stimmung. Doch wie gelingt es, binnen kürzester Zeit besser drauf zu sein? Einige Verkäufer vernachlässigen diesen Aspekt. Wenn es ihnen mal nicht so gut geht, jammern manche gerne gemeinsam mit ihrem Kunden. Es besteht dann jedoch das große Risiko, dass der Kunde daraufhin sagt: „Wir beide wissen jetzt, dass es uns nicht sehr gut geht. Da können Sie sicherlich verstehen, dass ich heute nichts von Ihnen brauche!"

Daher ist es immens wichtig, binnen weniger Minuten in gute Stimmung zu kommen. Manche benutzen folgenden Trick: Sie legen sich einen Stift vorne zwischen die Zähne, ohne dass die Lippen ihn berühren. Wenn dann noch zusätzlich ein wenig künstlich gelacht wird, stellt sich schnell gute Stimmung ein. Entweder, weil man die Situation mit dem Stift so lächerlich findet, oder weil sich tatsächlich nach kurzer Zeit im Inneren ein Stimmungswandel vollzogen hat.

Andere hören für sie motivierende Lieder etwas lauter im Auto, um sich ein bisschen aufzuputschen. Doch wichtig ist es, bei Fahrten im Verkaufsbezirk die Lautstärke der Musik 300 m vor dem Ziel runterzudrehen. Ansonsten könnte der Gesprächspartner möglicherweise stark irritiert sein. Aber vielleicht haben Sie ja den gleichen Musikgeschmack und somit eine weitere Gemeinsamkeit.

Eine gute Wirkung können auch ein kurzer Spaziergang oder ein paar Arm- und Körperbewegungen erzielen.

Kunden kaufen gerne von positiven Menschen. Sorgen Sie deshalb dafür, dass Sie zu Gesprächsbeginn gut drauf sind. Denn auch wenn es hart ist: Viele Kunden wenden sich von Verkäufern ab, sobald diese mittelfristig schwächeln. Vielleicht, weil die Kunden mit sich selbst genügend Probleme haben und dann nicht noch einen weiteren Energieräuber wollen.

6.8 Haben Sie Ausdauer!

Kinder, die Fahrradfahren lernen, fallen zunächst manches Mal hin. Komischerweise stehen sie danach aber immer wieder auf und probieren es weiter. Irgendwann können sie dann Fahrrad fahren. Nun stellen Sie sich vor, Kinder hätten die Denkweise eines Erwachsenen. Wenn diese dann Fahrradfahren üben und hinfallen, dann probieren sie es vielleicht noch ein- oder zweimal. Möglicherweise einige auch noch einmal am nächsten Tag. Doch wenn es dann immer noch nicht klappt, würde es heißen: „Ich glaube, ich bin zum Fahrradfahren nicht geeignet. Ich lasse das lieber …!"

Auch Sportler trainieren viele Jahre und Hunderte von Stunden, um sich beispielsweise auf einen wichtigen Wettkampf vorzubereiten. 99 % der Zeit geht für das Training drauf und nur ein Prozent für den Wettkampf.

Wieso sollte es also Verkäufern auf Anhieb gelingen, einen Kunden zu gewinnen? Haben Sie Ausdauer! Trainieren Sie und lernen Sie aus Ihren Fehlern und Erfolgen. Es geht. Es ist machbar. Andere Verkäufer haben schließlich auch irgendwann ihre Wunschkunden gewonnen. Letztlich wurde jeder Kunde irgendwann irgendwie mal gewonnen. Weshalb sollte es Ihnen nicht gelingen, dies ebenfalls zu schaffen? Also bleiben Sie einfach am Ball.

6.9 Machen Sie es sich leichter mit Aufhängern!

Um bei einem Interessenten die Aufmerksamkeit zu wecken, helfen Aufhänger. Aufhänger sind Brücken, um leichter eine Beziehung zum Kunden aufzubauen. Ohne Aufhänger besteht die Gefahr, dass Ihre Gesprächsqualität dramatisch sinkt. „Ich war hier gerade in der Nähe und dachte, ich schaue mal vorbei" geht in der heutigen Zeit gar nicht mehr. Stellen Sie es intelligent an, und wirken Sie für den Kunden von Anfang an nützlich und wertvoll.

Ein schöner Aufhänger ist beispielsweise ein innovatives Produkt aus Ihrem Unternehmen, das bereits vielen Kunden geholfen hat. Ihr potenzieller Kunde könnte vielleicht ebenfalls davon profitieren. Wenn Sie ihm nicht die Chance zum Kauf bieten, wird er Sie zwar nicht wegen unterlassener Hilfeleistung verklagen, aber Sie haben dann eine Möglichkeit, mehr Umsatz in Ihrem Bezirk zu erzielen, nicht genutzt.

Eventuell lesen Sie einen Presseartikel, eine Jubiläumsanzeige oder ein Stellengesuch Ihres potenziellen Neukunden. Diese Informationen können Sie nutzen. Vielleicht entnehmen Sie daraus, dass Ihr Kunde außereuropäische Länder erschließen will. Vielleicht können Sie mit Ihrem Angebot dem Kunden bei seiner gewünschten Expansion helfen, beispielsweise mit einer Neuetikettierung seiner Produkte in der entsprechenden Landessprache. Sie gewinnen dadurch an Wert.

Vielleicht treffen Sie außerhalb des Unternehmens Mitarbeiter Ihres Wunschkunden. Fern ihres Arbeitgebers kommunizieren viele Angestellte und Arbeiter wesentlich offener und geben somit Steilvorlagen für eine mögliche Kundengewinnung. Hilfreich kann auch schon folgende Frage sein: „Ich weiß nicht genau, wie ich Ihren Chef von mir überzeugen kann. Haben Sie da einen Tipp für mich?"

Viele Menschen suchen Arbeit. Möglicherweise kennen Sie jemanden, der arbeitslos ist und genau den Qualitäten und Anforderungen Ihres Wunschkunden entspricht. Wenn Ihre Empfehlung wirklich Gold wert war, dann wird Ihnen das ebenfalls nutzen. Schließlich haben Sie Ihrem potenziellen Kunden zu einem wertvollen Mitarbeiter verholfen. Vielleicht kauft er deswegen nicht sofort bei Ihnen. Er ist aber normalerweise zumindest weiteren Besuchen Ihnen gegenüber deutlich aufgeschlossener.

Einige Verkäufer nutzen Geburtstage und Jubiläen, um mit Geschenken zu punkten. In manchen Branchen und bei einigen Menschen scheint dieses auf Zuspruch zu stoßen. Doch möglicherweise kann es sinnvoller sein, nur seine eigenen guten Kunden mit solchen Gesten zu bedenken. Es kann problematisch sein, sich einem fremden Menschen mit Geschenken zu nähern. Vielleicht legt dann der potenzielle Kunde eine ablehnende Haltung an den Tag. Eventuell lässt er einen Höflichkeitsbesuch zu, aber letztlich hätten Sie in diesem Fall nur Zeit verschwendet.

6.10 Beobachten Sie und probieren Sie Neues aus!

Sie selbst lesen viele Anzeigen und bekommen Werbebriefe. Letztere sowohl per Post als auch per Mail. Lernen Sie aus diesen Unterlagen, wie Sie besser kommunizieren können oder welche Fehler Sie nicht machen sollten. Ihre Kunden werden täglich damit ebenfalls bombardiert. Was könnte bei Ihren Kunden gut ankommen – was weniger?

Welche Wege gehen andere Firmen, um neue Kunden zu gewinnen? Schauen Sie hier nicht nur auf Ihre Branche, seien Sie offen und informieren Sie sich auch über andere Branchen. Es gibt mittlerweile ganz viele Möglichkeiten und Konzepte, trotzdem verharren viele innerhalb enger Grenzen und probieren nichts Neues aus. Dies führt selten zu einem überragenden Verkaufserfolg.

Wenn Sie wirklich nach vorne kommen und in Ihrem Bezirk die Kunden an sich und Ihre Firma ziehen wollen, dann seien Sie anders als alle anderen. Haben Sie Spaß am Ausprobieren. Probieren Sie einzelne Maßnahmen nicht nur einmal aus, sondern mehrfach. Falls es nicht klappt, dann sagen Sie sich: „Prima, jetzt weiß ich, wie es nicht funktioniert – dann kann ich jetzt wieder was Neues ausprobieren!"

Es gibt so viele Möglichkeiten und Chancen, die Sie nur sehen und ergreifen müssen. Werfen Sie einen Blick in Bücher zum Thema Marketing, lesen Sie im Internet zum Thema Kundengewinnung, tauschen Sie sich in Foren im Internet über relevante Themen aus.

Bestimmt hat schon jemand in diesem Land eine ähnliche Situation wie Sie erlebt, durchlebt und gelöst. Weshalb sollte es Ihnen nicht auch gelingen? Wenn Sie

6.10 Beobachten Sie und probieren Sie Neues aus! 77

immer wieder auf Widerstände bei Ihren Wunschkunden stoßen, dann geben Sie deswegen nicht auf. Denken Sie daran, dass sicherlich schon viele Ihrer Mitbewerber aufgegeben hätten – aber Sie nicht. Machen Sie weiter, probieren Sie etwas Neues aus und haben Sie Spaß daran. Finden Sie Interesse und Freude daran, anders als alle anderen zu sein.

Vielleicht wirken Sie dann auf den einen oder anderen ein wenig verrückt. Sie heben sich aber von der Masse ab, und das wollen Sie doch, oder? Nur wer anders ist als die anderen, fällt auf und wird viele positive Erfahrungen und Erlebnisse sammeln.

Haben Sie also Spaß bei Ihrer Arbeit und speziell bei Ihrer Akquise. Wenn es mal nicht gut läuft – na und? Es kann nicht jeder Tag Ihr Tag sein, aber geben Sie jedem Tag die Chance, ein super Tag zu werden. Je mehr neue Kunden Sie gewinnen und faszinieren, desto fantastischer wird Ihre Zukunft. Denken Sie also zuerst an sich, denn dann wissen Sie, dass sich Neukundengewinnung wirklich lohnt (Abb. 6.2).

Abb. 6.2 Wie Sie weniger Hemmungen bei der Kaltakquise haben

Frage 7: Wie habe ich mehr Erfolg auf Messen?

Zweimal im Jahr stellt mein Arbeitgeber auf Messen aus. Wir zwölf Außendienstmitarbeiter werden dann immer zum Standdienst eingeteilt. Ich weiß zwar, dass wir als Anbieter da sein müssen, wo unsere Kunden sind. Doch manchmal erscheinen mir die Beteiligungen sehr sinnlos. Letztes Jahr habe ich mich mit einem Interessenten zwei Stunden lang unterhalten. Der wurde dann auch Kunde. Hat mir aber nichts gebracht, da dieser seinen Unternehmenssitz nicht in meinem Bezirk hat – und die Umsätze nun meinem Kollegen gutgeschrieben werden.

Was kann ich unternehmen, um mithilfe von Messen bessere Geschäfte zu machen?

Tobias N. aus S.

Dieses Kapitel enthält Videos und Dateien, die mit der kostenfreien SN More Media App aus dem iOS- und Android-Store abspielbar oder downloadbar sind. Dazu einfach die Abbildungen, die das App-Logo tragen, scannen

Elektronisches Zusatzmaterial Die elektronische Version dieses Kapitels enthält Zusatzmaterial, das berechtigten Benutzern zur Verfügung steht https://doi.org/10.1007/978-3-658-27252-4_7. Die Videos lassen sich mit Hilfe der SN More Media App abspielen, wenn Sie die gekennzeichneten Abbildungen mit der App scannen.

© Springer Fachmedien Wiesbaden GmbH, ein Teil von Springer Nature 2019
O. Schumacher, *Was viele Verkäufer nicht zu fragen wagen*,
https://doi.org/10.1007/978-3-658-27252-4_7

7.1 Bereiten Sie sich auf die Messe vor!

Auch wer schon lange im Verkauf ist, findet auf einer Messe oft eine andere Welt vor: Manchmal degeneriert der eigene Stand zur Möbelausstellung, und man weiß gar nicht, wie man die Zeit totschlagen soll. Und dann, aus heiterem Himmel, ist so viel los, dass man gar nicht weiß, mit wem man zuerst sprechen soll. Darüber hinaus sind bei weitem nicht alle Gesprächspartner auch potenzielle Kunden, manchmal haben die Besucher ganz andere Ziele als man selbst.

Darum ist es wichtig, sich vor der Messe mit seinen Kollegen über die Ziele im Klaren zu sein. Was soll vorrangig erreicht werden?

- Schreiben von Aufträgen
- Kontakt halten zu Stammkunden
- Gewinnung neuer Kunden
- Gewinnung neuer Mitarbeiter
- Imagewerbung
- …

Erst, wenn man weiß, was die Hauptziele sind, also warum man ausstellt, kann man auch entsprechend handeln. Denn wer auf der Messe mit dem Gedanken „Mal sehen, was heute so kommt" steht, wird unter seinen Möglichkeiten arbeiten.

7.2 Laden Sie Ihre (potenziellen) Kunden ein!

Viele Besucher bereiten sich auf ihren Messebesuch vor. Wer dann nicht im Terminbuch des Besuchers steht, hat weniger Chancen auf gute Gespräche. Darum reicht es oft nicht aus, einfach nur eine Rundmail oder einen Brief mit der Botschaft „Wir stellen aus – kommen auch Sie vorbei!" zu schicken. Sowas geht schnell unter. Besser ist es, gezielt zum Telefon zu greifen und interessante Personen einzuladen – am besten mit einem Termin auf dem Messestand.

Sollte der Gesprächspartner nicht zur Messe wollen oder keine Zeit mehr auf der Messe für Sie haben, dann versuchen Sie doch einfach, bei der Gelegenheit trotzdem einen Termin zu machen, losgelöst von der Messe. Das muss auch nicht unbedingt immer ein persönlicher Termin sein. Manchmal reicht auch ein Telefontermin, wo sich beide Seiten etwas mehr Zeit füreinander nehmen.

7.3 Sprechen Sie Messebesucher von sich aus aktiv an!

Haben Sie gerade nichts zu tun, dann sorgen Sie für Arbeit, indem Sie gezielt Messebesucher originell ansprechen. Denn Sie wissen ja gar nicht, wer gerade an Ihrem Stand vorbeiläuft. Bevor also diesem Besucher gute Chancen entgehen, gehen Sie auf diesen aktiv zu.

Manche Aussteller haben Probleme damit, Laufkundschaft anzusprechen. Sie möchten nicht zu aufdringlich erscheinen. Andere ziehen sich auch mit der Argumentation „Wenn das nun jeder Aussteller machen würde ..." zurück. Interessanterweise sprechen aber die wenigsten Aussteller Laufkundschaft an, der Großteil ist eher passiv und wartet auf die Ansprache seitens der Messebesucher. So manche müssen da sehr lange warten ...

Wenn Sie sich mit Ihren Kollegen darüber im Klaren sind, was eine Messeminute Sie kostet, dann wird schnell klar, warum stets Aktivität gefordert ist. Zu den Messekosten gehören unter anderem:

- Standgebühr
- Werbung, Prospekte, Unterlagen
- Transport der Ausstellungsgegenstände
- Auf- und Abbau
- Löhne, Gehälter und Spesen
- ...

Mal angenommen, die Gesamtinvestition für eine dreitätige Messe beläuft sich auf 100.000 Euro. Dann sind die Kosten pro Tag 33.333 Euro. Ist die Messe von 09:00 Uhr bis 18:00 Uhr geöffnet, so bedeutet dies nicht zwangsläufig, dass auch von morgens bis abends zu tun ist. Vielleicht gibt es von diesen 9 Stunden tatsächlich nur 7 Stunden Frequenz. 33.333 Euro geteilt durch 7 Stunden ergibt 4761,19 Euro pro Stunde. Auf die Minute hinuntergerechnet also 79,36 Euro.

Diese Beispielrechnung verdeutlicht, warum Mitarbeiter auf dem Messestand nicht die Zeit damit verschwenden sollten, um Kollegen, die sie lange nicht mehr gesehen haben, ausführlich nach ihrem letzten Urlaub zu befragen, sondern die Chance der Messe nutzen sollten.

7.4 Finden Sie heraus, wer Ihr Gegenüber ist

Sie sollten im Idealfall schon nach drei Gesprächsminuten wissen, wer Ihr Gegenüber ist, um bewusst das Gespräch weiter zu führen oder beispielsweise mit einem Terminvorschlag abzubrechen.

Mal angenommen, Sie haben das Ziel „Kontakt zu neuen Kunden zu gewinnen". Nun werden Sie von einem freundlichen Herrn angesprochen, dem Sie mit Begeisterung Ihre Exponate auf der Messe zeigen. Nach 25 Minuten fragt Sie dann der Besucher „Sagen Sie mal, warum ich eigentlich hier bin: Ich suche einen Praktikumsplatz für meine Tochter. Kann die mal bei Ihnen anfangen?"

Mit Fragen wie „Was führt Sie zu uns?", „Damit ich Ihnen das richtige zeige, was interessiert Sie besonders?", „Mein Name ist Max Mustermann. Ich bin der Gebietsleiter für die Region Bayern. Wer bitte sind Sie?" können Sie recht leicht herausfinden, woran Sie sind.

Ich empfehle nicht, jedes Gespräch sofort abzubrechen, sobald Sie durch diese Qualifikation erkennen, dass Ihr Gegenüber nicht für Ihr hauptsächliches Messeziel zu haben ist. Wichtig aber ist, dass Sie sich bewusst für ein längeres Gespräch entscheiden. Darüber hinaus können Sie ein gutes, da zielgerichtetes, Gespräch auch nur dann führen, wenn Sie genau wissen, wer Ihr Gegenüber ist.

Ist insgesamt auf dem Messestand wenig los, dann kann es sogar sehr gut sein, Gespräche auch mit Nicht-Interessenten zu führen. Denn auf Außenstehende wirkt ein Stand, auf dem ein Großteil der Mitarbeiter etwas zu tun hat, oft wesentlich faszinierender, als ein Stand, an dem sechs Verkäufer untätig herumstehen.

7.5 Denken Sie an den Abschluss

Wichtig ist, den Sack auch zuzumachen und nicht darauf zu warten, dass der Kunde von sich aus den nächsten Schritt anstrebt. Das muss nicht unbedingt der konkrete Auftrag sein, sondern kann auch beispielsweise ein konkreter Verbleib wie ein Termin oder auch die Zusendung von Unterlagen sein. Beenden Sie also beispielsweise das Gespräch mit „Was halten Sie davon, wenn wir dann jetzt gleich einen Termin für übernächste Woche machen?", „Ja, dann lassen Sie uns doch gleich zwölf Einheiten hiervon festhalten" oder „Ich schicke Ihnen dann gerne ein konkretes Angebot zu. Wollen wir dann in der übernächsten Woche telefonieren, um zu besprechen, wie wir gemeinsam weitermachen?"

Viele arbeiten auf der Messe auch mit Besuchsberichten, auf welchen genau aufgeführt wird, wer mit wem was besprochen hat. Hier muss unbedingt daran gedacht werden, diese am Ende des Gesprächs (nachdem der Besucher gegangen ist) gleich zu priorisieren. Denn wenn es beispielsweise nach der Messe 100 Besuchsberichte gibt, dann muss klar sein, wer von diesen als erstes angegangen wird – und welche Kontakte noch viel Zeit haben.

7.6 Austausch mit anderen Ausstellern

Wenn es gerade etwas ruhiger auf der Messe zugeht, kann es nicht schaden, auch mal Kontakt zu anderen Ausstellern zu suchen. Von diesen kann man manchmal viel lernen, denn jeder hat ja eine unterschiedliche Strategie. Vielleicht bieten sich Kooperationen an, wenn Sie die gleiche Zielgruppe haben, aber nicht im direkten Wettbewerb zueinanderstehen.

Warum sollte beispielsweise ein Friseursaloneinrichter nicht mit einem Haarkosmetikhersteller zusammenarbeiten? Erfährt der Haarkosmetikvertreter davon, dass eine Friseurin in die Selbstständigkeit gehen will, dann kann dieser den Einrichter empfehlen. Bekommt der Einrichter eine Anfrage, so kann er einen Kontakt zum Haarkosmetikvertreter herstellen. Durch solche Empfehlungen kann oft viel erreicht werden.

Also: Wer auf der Messe könnte mit Ihnen zusammenarbeiten?

7.7 Messegespräche nachfassen

So manche guten Messegespräche verlaufen im Sand. Dafür gibt es viele Gründe:

- Der Verkäufer hat das Gespräch auf der Messe falsch verstanden und denkt, der Besucher wird ihn anrufen. Dabei wartet der Besucher auf seinen Anruf.
- Der Verkäufer hat angerufen, der Besucher war aber am Telefon nur kurz angebunden und hat ihn abgewimmelt. Der Verkäufer ist enttäuscht – und will da nie wieder anrufen.
- Es wurde auf der Messe vergessen, einen konkreten Verbleib zu vereinbaren. Es war eigentlich nur ein nettes Gespräch. Keiner wird von sich aus aktiv.

Was aber am häufigsten passiert: Der Verkäufer hat nach der Messe so viel in seinem normalen Alltagsgeschäft zu tun, dass er das Nachfassen als lästig empfindet, weil er dafür kurzfristig keine Zeit hat. Und da wird dann schnell wie folgt entschieden: Okay, hier sind 30 Gesprächsbögen. Gut, von diesen sind drei wirklich heiße Kandidaten. Da rufe ich mal an. Und um die anderen kümmere ich mich, wenn ich mal Zeit habe …

Planen Sie somit nach der Messe Zeit ein, um die Gespräche nachzubearbeiten!

7.8 Messe als Gesprächsaufhänger nutzen

Auf der Messe werden Sie vermutlich nicht alle erreichen, die für Ihr Angebot geeignet sind. Denn so manche potenzielle Kunden werden gar nicht zur Messe kommen. Weitere sind vielleicht dort, hatten aber keine Zeit für den Besuch Ihres Stands.

Darum kann eine vergangene Messe auch ein guter Gesprächseinstieg für die Neukundengewinnung sein: „Guten Tag. Mein Name ist Max Mustermann. Wir haben auf der Messe X letzte Woche ausgestellt, da sind Sie nicht gewesen, oder?" Egal ob der Kunde nun zustimmt oder verneint: „Wissen Sie, wir haben uns da ja nun leider verpasst. Es geht um …" Und nun können Sie kurz und knackig Ihrem Gesprächspartner erklären, worum es geht. Auch auf diese Art und Weise wird so manch ein interessantes Gespräch möglich sein.

7.9 Verhelfen Sie Ihren Kunden zum Messeerfolg

Vielleicht will der eine oder andere Kunde von Ihnen ausstellen. Wenn Sie selbst messeerfahren sind und tolle Ideen haben, dann lassen Sie doch an diesem Wissen auch Ihre Kunden teilhaben. Schließlich sollen Sie ja nicht nur Produkte und Dienstleistungen verkaufen, sondern auch zur besseren Kundenbindung auch ein Erfolgscoach für Ihre Kunden sein. Und wenn Sie diesen einen oder zwei gute Tipps geben, wie sie noch mehr Erfolg auf der Messe haben, dann haben Sie einen entscheidenden Schritt in Richtung tragfähige Kundenbeziehung getan.

7.10 Als Messebesucher akquirieren

Sicherlich ist es auch Ihnen schon mal passiert, dass man Ihnen etwas als Messeaussteller verkaufen wollte. Das ist besonders ernüchternd, wenn man selbst auf der Messe gerade merkt, dass dies eine Fehlinvestition war – und dann Verkäufer kommen, die die ruhige Zeit für sich nutzen. Andere Verkäufer kennen da gar nichts und stören sogar, während das komplette Messeteam wirklich gerade schwer beschäftigt ist.

Trotzdem sollten Sie darüber mal nachdenken, ob Sie nicht zu ein paar Ausstellern gezielt einen kurzen Kontakt suchen sollten. Drei Wege sind hier denkbar:

1. Sie rufen vor der Messe an. Sagen, um was es geht – und fragen nach einem Termin auf der Messe. Möchte Ihr Kontakt Sie auf der Messe nicht sehen, dann streben Sie einen Termin nach der Messe an.

7.10 Als Messebesucher akquirieren

2. Sie gehen auf den Messestand und fragen nach den Kontaktdaten Ihres Ansprechpartners, um diesen dann nach der Messe anzurufen. Formulierung à la: „Sie haben ja ausgestellt auf der Messe. Da war viel zu tun, da wollte ich Sie nicht stören. Es geht um …"
3. Sie rufen nach der Messe an. Sagen, dass Sie mitbekommen haben, dass er ausgestellt hat, Sie ihn aber nicht von der Arbeit abhalten wollten – und ihn nun darum anrufen.

Nutzen Sie sowohl als Messebesucher als auch als Messeaussteller die Chance auf Gespräche. Setzen Sie sich im Restaurant auf der Messe zu Ihnen noch unbekannten Menschen und beginnen Sie ein Gespräch, beispielsweise mit „Und, was führt Sie zu dieser Messe?" Vielleicht ergibt sich dadurch früher oder später mal ein interessantes Geschäft oder aber immerhin ein interessantes Gespräch (Abb. 7.1).

Abb. 7.1 Wie Sie mehr Erfolg auf Messen haben

Frage 8: Wie gehe ich geschickter mit Reklamationen um?

Hin und wieder sind die Gespräche mit den Kunden unangenehm. Ware kommt defekt beim Kunden an, eine Rechnung wurde falsch erstellt oder ein Produkt funktioniert nicht so, wie es sich der Kunde vorgestellt hat. Eigentlich habe ich jeden Tag bei irgendeinem Kunden eine Reklamation zu bearbeiten. Irgendwie nervt mich das. Schließlich ist es ja schon anstrengend genug, den Kunden etwas zu verkaufen. Danach – und nur danach – werde ich bezahlt. Wenn die dann mit solchen Kleinigkeiten daherkommen, dann nervt mich das einfach. Manche Kunden machen sogar eine richtige Szene, doch was kann ich dafür? Manchmal hat der Kunde doch sogar selbst Schuld. Und wieso ruft der mich nicht an, wenn er ein Problem hat? Wenn es so lange Zeit hat, bis ich da bin, dann kann es doch gar nicht so schlimm sein. Und irgendwie habe ich immer alles erledigt. Ich bin ja schließlich schon lang genug dabei.
Nelly S. aus T.

Dieses Kapitel enthält Videos und Dateien, die mit der kostenfreien SN More Media App aus dem iOS- und Android-Store abspielbar oder downloadbar sind. Dazu einfach die Abbildungen, die das App-Logo tragen, scannen

Elektronisches Zusatzmaterial Die elektronische Version dieses Kapitels enthält Zusatzmaterial, das berechtigten Benutzern zur Verfügung steht https://doi.org/10.1007/978-3-658-27252-4_8. Die Videos lassen sich mit Hilfe der SN More Media App abspielen, wenn Sie die gekennzeichneten Abbildungen mit der App scannen.

8.1 Verstehen Sie die Gedankenwelt des Reklamierenden!

Häufig sind es eher die Kleinigkeiten, die das Fass zum Überlaufen bringen – nicht unbedingt die großen Fehler. Es ist ganz natürlich, dass ein Verkäufer sich um große Schwierigkeiten, die er direkt oder indirekt verschuldet hat, sofort kümmert. Kunden lassen an sich auch vieles mit sich machen, doch sie achten sehr darauf, wie sie jetzt vom Verkäufer unterstützt werden, um die Sache zu lösen.

Sie sind als Verkäufer der Ansprechpartner Nr. 1 des Kunden. Er sieht Sie regelmäßig, kennt vielleicht Ihren Chef vom Sehen und andere Ihrer Kollegen ausschließlich übers Telefon. Somit spielen Sie generell eine wesentliche Rolle: Sie repräsentieren mit Ihrer Arbeit, Ihrem Denken und Handeln Ihre Firma. Zwangsläufig sorgen professionelle Verkäufer für ein gutes Imagebild der gesamten Firma, schludrige Verkäufer dagegen zerstören es.

In schwierigen oder anspruchsvollen Situationen achtet der Kunde sehr darauf, ob diese Beziehung mehr ist als nur Tausch von Geld und Ware. Denn sehr wahrscheinlich gibt es vergleichbare ähnliche Produkte, die er auch hätte kaufen können. Doch er hat sich schließlich für Sie entschieden.

Bei der Abwicklung von Reklamationen merken Kunden, ob sie sich für den richtigen Lieferanten entschieden haben – oder nicht. Gerade deswegen trifft die Feststellung zu, dass Reklamationen Chancen sind. Denn optimal abgewickelte Reklamationen tragen zur Festigung der Geschäftsbeziehung bei. Das gemeinsame Lösen von Problemen schweißt Menschen zusammen.

Versetzen Sie sich in die Situation Ihres reklamierenden Kunden. Er hat seine Arbeitsabläufe und will in Ruhe seine Aufgaben abarbeiten, um letztlich sein Geld damit zu verdienen. Störfaktoren, egal wie groß sie sind, bringen das Konzept durcheinander. Sie bedeuten für Ihren Kunden Stress, weil er jetzt vielleicht zu Notlösungen greifen muss. Vielleicht besteht sogar die Gefahr, dass er einen oder mehrere Kunden enttäuscht oder gar verliert.

Reklamationen sind somit für alle Beteiligten unangenehm. Die unangenehmen Gefühle kommen automatisch und sind je nach Erfahrung des Betroffenen unterschiedlich intensiv. Für Sie als Verkäufer, der vielleicht schon viele Abenteuer dieser Art erlebt hat, stellen sich manche Beschwerden des Kunden eventuell gar nicht so dramatisch dar. Vielleicht sind sie es auch objektiv gesehen nicht.

Doch wenn Ihr Kunde Panik hat, dass er beispielsweise wegen einer Fehllieferung Ihrerseits in Schwierigkeiten kommt – auch wenn er entsprechende Puffer eingebaut hat –, so ist das sein Gefühl und daraus resultiert letztlich seine Meinung und Einschätzung der Situation.

Es ist somit extrem wichtig, wertschätzend und professionell mit der Information einer Reklamation umzugehen. Der Kunde braucht nun über kurz oder lang das Gefühl der Sicherheit, dass alles in seinem Sinne – eventuell auch über einen Umweg – gelöst wird und sich nicht wiederholt.

8.2 Hören Sie Ihrem Kunden zu!

Egal, was passiert ist: Lassen Sie Ihren Kunden ausreden. Hören Sie ihm zu und stellen Sie passende Fragen, um die Situation und die Folgen richtig einschätzen zu können. Machen Sie sich Notizen oder benutzen Sie eine Checkliste, um alles Wesentliche und Erforderliche zu erfassen.

Wenn Ihr Kunde sich aufregen möchte, dann gestehen Sie ihm das zu. Denn es ist ganz natürlich, dass Ihr Kunde Emotionen angesammelt hat, die endlich mal raus müssen. Sie sind hier sozusagen das Druckventil. Wenn es Ihrem Kunden hilft und Sie oder Ihre Firma an dieser Situation Schuld sind, dann hören Sie es sich unbedingt an.

Außerdem ist es besser, wenn er seine Wut und Enttäuschung bei Ihnen entlädt als bei Ihrem Mitbewerber. Denn gute Mitbewerber wissen Reklamationen optimal zur Kundengewinnung zu nutzen. Je schlechter Sie in der Wahrnehmung des Kunden die Reklamation bearbeiten, umso mehr arbeiten Sie ungewollt Ihrer Konkurrenz zu.

Die Kunden, die Ihnen nicht sagen, dass sie Probleme mit Ihrer Geschäftsbeziehung haben, sind die gefährlichsten. Viele unterstellen einfach, dass Sie und Ihre Firma für das Geld Ihr Bestes geben und es einfach nicht besser können. Und wenn sie das Gefühl haben, dass die Zusammenarbeit mit einem Ihrer Mitbewerber reibungsloser klappt, wechseln sie zum ihm.

Wenn so ein „still leidender" Kunde geht, ist die Überraschung für den Verkäufer groß. Es heißt dann: „Warum haben Sie das denn nicht eher gesagt?" oder „Wir hätten doch immer noch eine Lösung finden können!"

Sicherlich gehen Sie öfters einmal in ein Restaurant. Beantworten Sie die Frage der Bedienung „Hat es Ihnen geschmeckt?" immer aufrichtig? Häufig lässt man es bleiben und denkt sich seinen Teil. Es wird sehr oft „Ja" gesagt, obwohl ein „Nein" angebrachter gewesen wäre. Irgendwann ist das Restaurant leer und der Inhaber und die Mitarbeiter wissen nicht, weshalb keine Gäste mehr kommen.

Darum fragen Sie regelmäßig nach, wie dem Kunden die Geschäftsbeziehung gefällt. Hören Sie genau auf die Zwischentöne, dann sind Sie auf der sicheren Seite. Fragen Sie bitte nach dem „wie" und nicht nach dem „ob"!

8.3 Versprechen Sie nicht zu viel!

Kunden wollen bei Reklamationen schnelle Lösungen. Versprechen Sie das, was Sie können. Doch bevor Sie irgendwelche Versprechungen machen, fragen Sie zuvor, wie sich Ihr Kunde eine gute und angemessene Lösung vorstellt.

Verkäufer neigen dazu, von sich aus zu großzügige Lösungsvorschläge anzubieten. Vielleicht, weil ihnen die ganze Situation peinlich ist. Möglicherweise, weil sie sich selbst für den Schaden verantwortlich fühlen oder den Kunden schnell zum Schweigen bringen wollen. Welcher Verkäufer redet auch schon gerne über Reklamationen, die ihn betreffen? Schreienden Babys möchte man ja auch am liebsten sofort einen Schnuller in den Mund stecken, damit sie ruhig sind.

Häufig sind die vom Kunden geäußerten Wünsche gar nicht so kostenintensiv und umfangreich wie die, die der Verkäufer von sich aus angeboten hätte. Wenn Sie ihm jetzt vielleicht noch fünf Prozent mehr geben, als das, was er sich wirklich vorgestellt hat, dann ist er zufrieden. Doch was denkt ein Kunde, wenn Sie ihn nicht nach seiner Einschätzung gefragt haben und ihm plötzlich und unaufgefordert 200 % mehr geben als das, was er erwartet hat?

Noch viel schlimmer ist es, wenn der reklamierende Kunde das Gefühl hat, dass Sie ihm zu viel versprochen haben. Jeder wird Sie dann für unglaubwürdig bzw. inkompetent halten. Denn wenn Sie nicht mal Ihre eigenen Kompetenzen und Möglichkeiten richtig einschätzen können, dann wirken Sie auf einen Außenstehenden unfähig.

Falls Sie noch nicht sicher sind, was Sie Ihrem Kunden auf seine Reklamation hin anbieten können, dann sagen Sie es ihm: „Ich verstehe, dass Sie eine optimale Lösung wollen und brauchen. Sie möchten nun von mir wissen, wie ich dazu stehe. Damit ich Ihnen den optimalen Lösungsvorschlag machen kann, muss ich mich informieren. Ich gehe kurz zum Auto und rufe meinen Chef an. Hoffentlich erreiche ich ihn sofort." Dann gehen Sie raus und telefonieren. Hat Ihr Chef auch keine spontane Lösung oder Sie erreichen ihn nicht, dann teilen Sie Ihrem Kunden mit, dass Sie hier am Ball bleiben und sich morgen wieder melden. Selbstverständlich tun Sie das auch, selbst dann, wenn Sie immer noch keine Lösung haben.

8.4 Kümmern Sie sich!

Stellen Sie sich vor, Sie schließen eine Versicherung ab. Nach einigen Tagen bekommen Sie die Rechnung. Sie sind ein wenig irritiert, weil Sie Bankeinzug vereinbart haben, davon aber nichts auf der Rechnung steht. Sicherheitshalber rufen Sie bei Ihrem Vertreter an und fragen nach. Dieser sagt Ihnen, dass sich das wohl mit der Eingabe der Bankverbindung überschnitten hat und Sie nicht überweisen sollen. Drei Wochen später bekommen Sie einen weiteren Brief der Versicherung. Sie werden darauf aufmerksam gemacht, dass Sie schon seit zwei Wochen keinen Versicherungsschutz mehr haben und gebeten, nun endlich das Geld zu zahlen. Leicht aufgewühlt überweisen Sie das Geld und hoffen, dass Sie den gleichen Betrag nicht noch einmal abgebucht bekommen …

So etwas kommt auch heute noch vor. Hat der Vertreter Schuld? Letztlich ja, denn er war und ist Ihr Ansprechpartner und hätte nach Rücksprache mit der Zentrale wissen müssen, dass aus irgendwelchen Gründen der Bankeinzug nicht durchgeführt wird. Wenn Sie nun einen Versicherungsfall haben, werden Sie Ihrem Ansprechpartner voll und ganz trauen? Vermutlich im Zweifel aufgrund dieses Vorfalles weniger. Aber Sie haben sich nun einmal geärgert. Wenn jetzt ein anderer Versicherungsvertreter zu Ihnen kommt und die gleiche Leistung zehn Prozent günstiger anbietet – fühlen Sie sich dann Ihrer jetzigen Versicherung noch voll verbunden?

Dieses Beispiel zeigt, wie wichtig es ist, dass Sie für den Kunden auch hinterher telefonieren. Geben Sie Ihrem Kunden das Gefühl, dass Sie sich kümmern und Ihre Aussagen verlässlich sind. Zuverlässige und engagierte Ansprechpartner sind für viele Kunden wertvoller als Rabatte.

Dazu ist es wichtig, dass Sie dem Kunden die Spielregeln erklären. Sagen Sie ihm, was genau passieren wird und wie er sich verhalten soll. Bitten Sie ihn darum, Sie anzurufen, wenn etwas ihm unheimlich erscheint. Rufen Sie ihn durchaus auch zwischendurch an und fragen Sie ihn, wie es bisher gelaufen ist. Je eher Sie bei einer sich abzeichnenden Reklamation oder Kundenunzufriedenheit intervenieren, desto größer ist die Chance, dass es nicht eskaliert. Ihre Kosten und Ihr Zeiteinsatz sind dann entsprechend geringer und Ihr Imageverlust ebenfalls.

8.5 Stellen Sie sicher, dass die Sache erledigt wird!

Für viele Verkäufer beginnt der Stress erst richtig, wenn sie merken, dass das interne Zusammenspiel nicht läuft. Jeder Kollege muss sich auf den anderen verlassen können. Bleibt ein Vorgang bei einem Ihrer Kollegen liegen, so können Sie darauf wetten, dass nicht er, sondern Sie aus Kundensicht schuldig sind.

Häufig wird empfohlen, stets zur eigenen Firma zu halten und seine Kollegen zu verteidigen. Es gibt aber gewisse Grenzen. Diese sind dann überschritten, wenn objektiv Dinge intern derartig schlecht ablaufen, dass Schönfärberei eine Beleidigung für den Kunden darstellen würde. Schließlich geht es auch um Ihre Glaubwürdigkeit dem Kunden gegenüber. Wenn Sie sich hier zu diplomatisch winden und nicht klar Stellung beziehen, sagt der Kunde vielleicht nichts, denkt sich aber seinen Teil.

Es gibt viel Abenteuerliches, was passieren kann. Sicherlich fallen Ihnen hierzu Beispiele ein. Stellen Sie sich vor, Sie leisten Ihren Beitrag zur Abholung einer Falschlieferung, aber die Ware steht nach einigen Wochen immer noch beim Kunden. Oder die Ware wurde abgeholt, nach acht Wochen ist aber immer noch keine Gutschrift erfolgt. Solche Kleinigkeiten rauben dem Kunden und dem Verkäufer viel Energie.

Zunächst entschuldigen Sie sich beim Kunden, dass Sie nicht aufgepasst haben, dass der Vorgang optimal abgewickelt wird. Wenn der Kunde nun fragt, wieso denn das alles passieren konnte und was denn in Ihrem Unternehmen schief läuft, dann antworten Sie wahrheitsgemäß: „Das frage ich mich auch. Ehrlich gesagt kann man so eine Schlamperei nicht entschuldigen, und ich frage mich durchaus, wieso manche Kollegen anscheinend keine Lust zur Arbeit haben. Ich habe den Abholbeleg eingereicht und mehr darf und kann ich nicht machen." Sie haben damit Ihre Kollegen kritisiert. Das macht auch nichts. Schließlich haben diese schlechte Arbeit abgeliefert. Jetzt müssen Sie sich um alles kümmern: Telefonieren Sie am besten sofort vom Auto aus, um dem Kunden eine schnelle Lösung anbieten zu können. Sind Sie selbst für Reklamationen bzw. Fehler verantwortlich, dann geben Sie das selbstverständlich immer ehrlich und von sich aus sofort zu!

Behalten Sie auch die weiteren Abläufe im Blick: Wenn Ware abgeholt wird, so heißt das bei vielen Firmen noch lange nicht, dass die entsprechende Rechnung gestoppt wird. So wird der Rechnungsbetrag einer Falschlieferung womöglich abgebucht, obwohl wenige Tage zuvor eine Gutschrift veranlasst worden ist. Dafür haben wenige Kunden Verständnis. Hier müssten Sie vielleicht eine E-Mail an Ihre Buchhaltung schicken. Richtig spannend wird es, wenn Kunden mit guter Absicht dem Bankeinzug widersprechen – schließlich wird die Ware ja gutgeschrieben – und Ihre Buchhaltung hat dann ein Schreiben wegen unberechtigten Widerspruchs verschickt.

Werfen Sie ein besonderes Auge auf die Vorgänge, die bei Ihnen fehleranfällig sind. So können Sie rechtzeitig intervenieren. Kommunikation bei Reklamationen ist das Wichtigste.

Sollten Sie beispielsweise erfahren, dass ein bestellter Artikel nicht lieferbar ist, dann rufen Sie Ihren Kunden an. Denn wenn er diesen Artikel nicht bräuchte, hätte er ihn auch nicht bestellt. So geben Sie ihm die Möglichkeit, sich an anderer Stelle rechtzeitig einzudecken. Außerdem wird der Kunde sich nicht ärgern, wenn er den bestellten Artikel in seiner Lieferung nicht findet. Schließlich ist vom Auftrag bis zur Auslieferung möglicherweise wertvolle Zeit vergangen.

Falls Sie von Fehlern erfahren, die Ihr Kunde noch gar nicht bemerkt hat, sprechen Sie sie an. Vielleicht sogar vorab am Telefon, sodass der Kunde nicht das

Gefühl bekommt, er müsste Sie kontrollieren. Wichtig ist, dass er Ihnen vertrauen kann. Sehen Sie zum Beispiel eine Rechnungskopie, auf der der Rabatt zu niedrig ist, informieren Sie sofort Ihren Kunden. Das gibt Ihnen einen erheblichen strategischen Vorteil: Es geht Ihnen dann nicht nur ums Verkaufen, sondern auch um eine faire und seriöse Abwicklung. Leider ist das nicht für alle Verkäufer selbstverständlich.

8.6 Beugen Sie Reklamationen vor!

Viele Reklamationen beruhen auf Missverständnissen oder auf falschen Vorstellungen. Achten Sie darauf, dass Sie keine Missverständnisse verursachen bzw. falsche Vorstellungen wecken.

Die Routine und eine längere Betriebszugehörigkeit führen bei vielen Verkäufern zur Abstumpfung. Es war vielleicht schon immer so, dass die Rechnung nicht von allen Kunden verstanden wird oder dass auf Mahnungen auch die Rechnungen stehen, die nicht überfällig sind. Das mag ja sein. Doch hat der Kunde dies unter Umständen anders kennen gelernt. Dementsprechend wird er, speziell wenn er Probleme erahnt, reagieren.

Agieren Sie hier konsequent. Sagen Sie Ihrem Kunden genau, was passieren wird. Wenn es in Ihren Abläufen Prozesse gibt, die manche Kunden verunsichern, dann erwähnen Sie dies besonders. Teilen Sie Ihrem Kunden dies beispielsweise mit folgenden Worten mit: „Prima, Sie bekommen jetzt die Ware. Vom Ablauf her ist das folgendermaßen … Manche Kunden sind dann etwas irritiert, weil sie denken, dass … Doch hier passiert Folgendes, sodass …"

Vermitteln Sie dem Kunden Sicherheit und das Gefühl, dass Sie auf seiner Seite stehen und ihm jederzeit helfen würden. Dazu ist es auch wichtig, dass er Ihre Kontaktdaten stets greifbar hat und Sie sich in angemessener Zeit bei ihm melden, wenn er Ihnen eine Nachricht per Mail oder Anrufbeantworter hinterlässt.

Interessanterweise sind manche Mailboxen und Anrufbeantworter sehr merkwürdig besprochen. Wenn Sie ein Kunde anruft und Sie im Urlaub sind, was nützt es ihm dann, ausschließlich zu erfahren, dass Sie beispielsweise noch bis zum 14. im Urlaub sind? Er will sein Anliegen loswerden. Also sprechen Sie die Nummer Ihrer Vertretung auf Ihr Band. Oder sagen Sie, dass er gerne eine Nachricht hinterlassen kann und Sie sich ab dem 15. darum kümmern werden. In dringenden Fällen möge er die Nummer der Zentrale wählen.

Vielleicht haben Sie es in einer Firma mit mehreren Ansprechpartnern gleichzeitig zu tun. Wenn in solchen Gremien verschiedene Details besprochen werden, dann ist es sehr wertvoll, diese Erkenntnisse zu protokollieren und allen Beteiligten zukommen zu lassen. So ist sichergestellt, dass Sie alle Beteiligten richtig verstanden haben und alle eine verbindliche Grundlage haben. Sollte es um hohe Geldbeträge gehen, so lassen Sie diese Zusammenfassungen abzeichnen.

8.7 Machen Sie sich nicht unnötig Probleme!

Im Idealfall vertrauen Ihnen Ihre Kunden. Je geschickter Sie argumentieren, desto eher und mehr werden sie auch von Ihnen kaufen. Achten Sie darauf, dass der Kunde stets das Gefühl hat, von dieser Geschäftsbeziehung zu profitieren.

Wenn Sie wissen, dass ein Kunde seinen Bedarf viel zu hoch einschätzt und er somit zu viel bei Ihnen bestellen will, dann bremsen Sie ihn. Es bringt Ihnen gar nichts, wenn er womöglich die Rechnung nicht zahlen kann oder jahrelang angesichts seines übervollen Lagers schlecht von Ihnen denkt.

Ist ein Kunde an einer Innovation interessiert, die Ihrer Ansicht nach nicht in sein Unternehmenskonzept passt, dann halten Sie ihn ebenfalls von einem zu großen Kauf ab.

Vielleicht hat Ihr Kunde keine Ahnung, wie hoch der Marktpreis für Ihr Angebot ist. Möglicherweise würde er weit mehr dafür bezahlen als Ihre anderen Kunden. Nutzen Sie diese Unwissenheit nicht aus, denn früher oder später wird er bemerken, dass er wie ein unmündiges Kind auf Sie reingefallen ist.

Haben Sie einen Artikel in Ihrem Angebot, der für keinen Menschen einen Nutzen enthält, dann verschonen Sie Ihre Kunden damit. Von großen Umtauschaktionen haben Sie nichts. Selbstverständlich ist es wichtig, dass Sie Ihren Kunden keine Chance vorenthalten. Wenn Sie von einem Produkt wissen, das bei Ihnen und bei Ihren Kollegen schon sehr oft zu Reklamationen geführt hat, so verschonen Sie Ihre anderen Kunden damit. Schließlich ist der Schaden jetzt schon groß genug.

Je länger Sie in Ihrem Bezirk tätig sind, desto mehr Erfahrungen machen Sie. Sie bekommen ein Gespür dafür, wann und weshalb Sie Ihre Kunden enttäuscht oder begeistert haben. Lernen Sie daraus. Wenn Sie ahnen, dass Ihr Kunde möglicherweise Probleme oder Schwierigkeiten bekommen könnte, dann bereiten Sie ihn entsprechend darauf vor. Lassen Sie ihn nicht gegen die Wand fahren, wenn Sie wissen, dass ihm plötzlich ein Hindernis im Weg stehen könnte.

8.8 Seien Sie kritikfähig!

Streit entsteht häufig dadurch, dass jemand mit aller Kraft seine Ansicht und Meinung durchsetzen will. Streit eskaliert umso eher, je persönlicher der Empfänger diese Botschaft aufnimmt. Die sachliche Ebene geht dann sehr schnell verloren, und es steht nur die Rechthaberei im Vordergrund. Es nützt Ihnen wenig, sich mit Ihren Kunden zu streiten. Zum Schluss fallen dann oft Schimpfworte, die besser nicht gesagt worden wären. Auch zornige Gedanken machen die Basis für zukünftige Geschäfte kaputt.

Lassen Sie sich bei Reklamationen nicht auf Diskussionen mit dem Kunden ein. Vielleicht hat der Kunde offensichtliche Fehler gemacht und will Ihnen nun die Schuld geben, weil er entweder nicht einsichtig ist oder er von der Persönlichkeit her so tickt. Es bringt nichts, sich in solch einer Situation zu verteidigen. Sie beide haben Ihr Bestes gegeben, doch leider war das Beste nicht gut genug.

Nehmen Sie Angriffe niemals persönlich. Es geht um die Sache. Hören Sie es sich an, schreiben Sie gegebenenfalls mit und bleiben Sie sachlich. Formulieren Sie in der Ich-Form: „Ich habe Sie so verstanden, dass Sie X wollten. Daher habe ich es Ihnen geschickt. Nun erfahre ich, dass ich Sie ohne böse Absicht leider in Schwierigkeiten gebracht habe, weil Sie Y wollten. Ich kann Ihren Ärger wirklich verstehen und würde vielleicht auch so reagieren. Es nützt ja nun wenig, wenn wir uns hierüber noch länger austauschen, lassen Sie uns bitte gemeinsam überlegen, wie wir nun die Kuh vom Eis kriegen."

Je länger Sie sachlich bleiben, desto ruhiger wird auch Ihr Gegenüber. Und je ruhiger Sie beide werden, desto vernünftiger können Sie sich über die Einleitung von Lösungen unterhalten und entsprechende Maßnahmen ergreifen. Wundern Sie sich über manche Kunden, aber ärgern Sie sich nicht über sie. Statt über ihn zu denken: „Dieser Kunde ist ein aggressiver Mensch!" hilft Ihnen möglicherweise die Ansicht: „Er ist sehr impulsiv. Davon gibt es nicht sehr viele. Von dem kann ich noch viel lernen. Mal schauen, wie interessant heute der Besuch abläuft."

8.9 Nutzen Sie Reklamationen bei Ihren Mitbewerbern für sich aus!

Wenn zwei sich streiten, dann freut sich der Dritte. Dieses Sprichwort ist auch gut auf Reklamationen übertragbar. Viele Verkäufer behandeln Reklamationen stümperhaft und enttäuschen ihre Kunden. Diese Kunden wollen dann meistens nicht mehr mit solchen Lieferanten arbeiten. Manche sind aber sehr träge und demzufolge nicht entsprechend konsequent. Machen Sie es diesen Kunden leichter, indem Sie Kontakt mit ihnen aufnehmen. Laden Sie sie in Ihre heile Welt mit weniger Ärger und Stress ein.

Ungeschickt wäre es jetzt natürlich, wenn Sie einen potenziellen Kunden direkt auf die Probleme mit seinem derzeitigen Lieferanten ansprechen. Wahrscheinlich würde dies der Kunde auch nur abstreiten, damit er nicht an Achtung verliert. Schließlich ist es ja doch ein wenig peinlich, mit jemandem zusammenzuarbeiten, der einem nichts Gutes tut, und dann nicht die Konsequenzen zu ziehen.

Sprechen Sie eher allgemeiner. Wenn Sie genau wissen, mit welchem Produkt er Schwierigkeiten haben müsste, dann stellen Sie ihm rein zufällig Ihre Alternative vor. Fragen Sie ihn beispielsweise, ob er Produkt X einsetzt. Vielleicht wird er sogar entgegnen, dass er hierfür einen Lieferanten hat. Seien Sie hier selbstbewusst und bleiben am Ball: „Ja, das ist gut. Wenn Sie hier bereits eine Alternative einsetzen, dann wissen Sie ja um die Nützlichkeit dieses Produkts. Viele meiner Kunden schätzen speziell die Punkte a, b und c. Sind diese Punkte auch für Sie entscheidend?" Für a und b nennen Sie jeweils zwei Besonderheiten und für c gerade den Aspekt, den Ihr Mitbewerber zurzeit unzulänglich erfüllt.

Versuchen Sie schon bald, den Auftrag abzuschließen, indem Sie sagen: „Prima, dann ist unser Produkt genau das Richtige für Sie. Möchten Sie davon drei oder lieber vier Einheiten bekommen?" Sollte er noch Bedenken haben, dann gehen Sie in die Kundenergründung. Erzählen Sie ihm noch ein oder zwei Beispielgeschichten, die illustrieren, weshalb gerade Ihr Produkt für ihn wertvoller ist. Wie zufällig erwähnen Sie in diesem Zusammenhang die Stärke, die Ihr Mitbewerber zurzeit nicht bieten kann.

Doch weisen Sie nur indirekt auf Ihren zurzeit schlechteren Mitbewerber hin, niemals direkt. Denn dann sagt der Kunde womöglich: „Ach deswegen kommen Sie hierher – und warum haben Sie sich in den letzten drei Jahren nicht blicken lassen?"

8.10 Üben Sie sich in zuversichtlicher und verbindlicher Sprache!

Mit Ihren Worten können Sie viel erreichen. Es heißt so schön, dass die Zunge keine Knochen hat, aber Knochen brechen kann. Als Verkäufer leben Sie von Ihrer Wortwahl. Ihr Geschick und Ihre Samtpfotigkeit sind vor allem bei Reklamationen stets gefordert.

Trainieren Sie Ihren Wortschatz, Ihre Wortwahl und Ihre Art und Weise zu sprechen. Sprechen Sie klar, deutlich und verbindlich, aber trotzdem offen und partnerschaftlich. So machen Sie sich die Arbeit am leichtesten, da Sie dann Ihre Gesprächspartner am besten erreichen. Im Verkauf macht sich jeder Kunde zuerst Gedanken über das gesprochene oder geschriebene Wort. Wenn Sie damit Ihre Kunden erreichen, Ihnen Sicherheit geben sowie gute Gefühle hervorrufen, werden Sie automatisch mehr und besser verkaufen.

Verstecken Sie sich nicht hinter Fremdwörtern. Viele Verkäufer vom Fach gehen davon aus, dass die Kunden sie automatisch verstehen. Wahrscheinlich auch deswegen, weil die wenigsten Kunden nachfragen und um Erläuterung bitten. Doch je mehr Sie Ihre Kunden mit der Fachsprache erschlagen, desto unattraktiver werden Sie für sie.

Ein normaler Kunde will es sich mit der Kaufentscheidung einfach machen. Sobald er dem Verkäufer nicht folgen kann, wird er skeptisch und hört nicht mehr richtig zu. Vielleicht ist er empört darüber, dass Sie nicht seine Sprache sprechen. Es kann auch sein, dass er die „Fremdsprache" gar nicht bemerkt, aber dennoch das Gefühl hat, mit Ihnen nicht gut zusammenarbeiten zu können. Stellen Sie Ihrem Kunden viele gute Fragen, sodass er Gelegenheit bekommt, von sich, seinen Motiven und Wünschen zu erzählen. Richten Sie Ihre Wortwahl daraufhin aus.

Falls Ihnen dann doch einmal ein Fremdwort rausrutscht, bei dem Sie nicht genau wissen, ob der Kunde dieses versteht, übersetzen Sie es am besten gleich. Beispielsweise: „Viele Unternehmen, die eine Website haben, interessieren sich für SEO, also für die Suchmaschinenoptimierung, sodass sie leichter vom Interessenten gefunden werden können." Damit zeigen Sie, dass Sie vom Fach sind, aber auch die einfache gehirngerechte Sprache beherrschen.

Wählen Sie speziell bei der Klärung von Reklamationen verbindliche Formulierungen. Streichen Sie die Wörter „eigentlich", „vielleicht", „könnte", „müsste", „sollte" und dergleichen. Speziell bei Reklamationen werden Sie Ihren Gesprächspartner auf die Palme bringen, wenn Sie verkünden, dass dieses jetzt wohl nicht mehr passieren könnte. Sagen Sie klar und verbindlich: „Es wird nicht mehr passieren!" – und kümmern Sie sich darum.

Sollten Sie Weichmacher ungewollt benutzen, aber die Notwendigkeit spüren, dieses nun schnellstens zu ändern, dann achten Sie bewusst auf Ihre Formulierungen. Üben Sie das Gespräch mit sich alleine vor einem Aufnahmegerät und hören Sie es sich an. Formulieren Sie schriftlich Sätze, die besser klingen. Je öfter Sie die Formulierungen üben, desto schneller werden diese – auch in Ihren normalen aktiven Sprachschatz – Einzug halten (Abb. 8.1).

8 Frage 8: Wie gehe ich geschickter mit Reklamationen um?

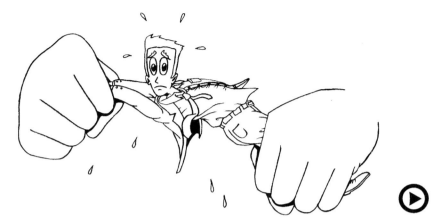

Abb. 8.1 Wie Sie geschickter mit Reklamationen umgehen

Frage 9: Ich verliere im Jahr überdurchschnittlich viele Kunden an Mitbewerber. Was mache ich falsch?

Zurzeit ist bei mir im Bezirk der Wurm drin. Obwohl ich meine, dass ich einen guten Kontakt zu meinen Kunden habe, gibt es dennoch in letzter Zeit richtig Ärger mit einigen Branchenpartnern. Ich weiß nicht genau wieso, aber irgendwie laufen mir immer mehr Kunden weg. Schon jetzt weiß ich, dass ich mein Jahresziel nicht schaffen kann. Wenn ich dann zum Kunden gehe, dann stellen die mich plötzlich vor vollendete Tatsachen und meinen, dass der Wechsel nichts mit mir zu tun hätte. Dafür kann ich mir aber auch nichts kaufen. Mittlerweile spüre ich, dass ich immer nervöser werde. Schließlich schwimmen mir langsam die Felle davon. Aber was soll ich tun? Mehr als anbieten kann ich doch auch nicht, oder?

Olaf M. aus C.

Dieses Kapitel enthält Videos und Dateien, die mit der kostenfreien SN More Media App aus dem iOS- und Android-Store abspielbar oder downloadbar sind. Dazu einfach die Abbildungen, die das App-Logo tragen, scannen

Elektronisches Zusatzmaterial Die elektronische Version dieses Kapitels enthält Zusatzmaterial, das berechtigten Benutzern zur Verfügung steht https://doi.org/10.1007/978-3-658-27252-4_9. Die Videos lassen sich mit Hilfe der SN More Media App abspielen, wenn Sie die gekennzeichneten Abbildungen mit der App scannen.

© Springer Fachmedien Wiesbaden GmbH, ein Teil von Springer Nature 2019
O. Schumacher, *Was viele Verkäufer nicht zu fragen wagen*,
https://doi.org/10.1007/978-3-658-27252-4_9

9.1 Seien Sie wachsam!

Es gibt Verkäufer, die es gar nicht merken, wenn sie zunehmend Kunden verlieren. Niedrigere Bestellwerte und Bestellrhythmen sowie auch die Konzentration auf immer weniger Produkte aus Ihrem Sortiment weisen eindeutig auf einen schleichenden Kundenverlust hin. Im persönlichen Gespräch wirken solche Kunden gewöhnlich verschlossener, vielleicht weil sie sich im Inneren schon von Ihnen verabschiedet haben. Es fällt vielen Menschen schwer zu sagen, dass es aus ist. Darum ziehen einige Kunden diesen Prozess gerne etwas in die Länge. Wenn sie dann angesprochen werden, antworten sie häufig, dass alles in Ordnung sei.

Wenn einer Ihrer Kunden weniger bei Ihnen bestellt, ist es Ihre Aufgabe herauszufinden, woran es liegt. Sie sind der Verkäufer; Sie leben vom Umsatz. Daher ist es auch Ihre Pflicht, die entsprechenden Gründe zu ermitteln und Gegenmaßnahmen einzuleiten. Nur wenige Kunden warnen mit Aussagen wie: „Wenn sich hier nichts ändert, werde ich bei Ihnen weniger kaufen!" Kunden erwarten vom Verkäufer ein hohes Maß an Professionalität. Sie meinen, dass der Verkäufer die Beziehung schon in Richtung Erfolg lenken wird. Kunden schieben im Zweifelsfall auch dem Verkäufer die Verantwortung zu, die Geschäftsbeziehung zu retten. Ihr lapidares Argument lautet: „Der will schließlich was von mir!"

Der Verkäufer möchte eine klare Antwort und stellt aus diesem Grund auch eine klare Frage: „Sie haben letztes Jahr bei mir bis zu diesem Zeitpunkt für 8000 € gekauft. Jetzt sind es nur 6800 €. Was ist los?" Einigen Kunden werden klar und ehrlich antworten, einige andere geraten in Rechtfertigungsdruck und bringen Ausreden bzw. sagen nicht die ganze Wahrheit.

Es gibt viele Gründe, weshalb ein Kunde bei Ihnen nicht mehr oder weniger kauft. Hier einige Beispiele:

- Ein anderer Lieferant bietet aus Sicht Ihres Kunden das Gleiche und war einfach früher zur Stelle.
- Der Kunde hat eine Alternative gefunden und arbeitet nun mit dieser.
- Der Kunde hat selbst Absatz- und Umsatzprobleme; dies hat Auswirkungen auf den Einkauf.
- Der Einkäufer fühlt sich bei Ihnen oder Ihrer Firma nicht mehr gut aufgehoben.
- Die Kunden Ihres Kunden machen Druck. Nun meint Ihr Kunde, diesen Druck meiden zu können, wenn er woanders kauft.
- Dem Kunden ist langweilig und er will einfach mal was Neues.

Sie sollten mögliche Ausflüchten seitens Ihres Kunden zuvorkommen: Aus diesem Grund ist es sinnvoll, sich auf die emotionale Ebene zu begeben und folgende Fragen zu stellen:

- „Wir arbeiten nun schon viele Jahre zusammen. Doch irgendwie habe ich das Gefühl, dass die Luft im Moment so ein wenig zwischen uns raus ist. Seit einigen Besuchen spüre ich, dass irgendetwas zwischen uns ist. Jetzt ist nicht nur das Gefühl da, sondern ich sehe auch an den Zahlen, dass etwas nicht stimmt. Was meinen Sie, woran kann das liegen?"

Oder:

- „Ich brauche mal Ihre Hilfe. Letzte Woche habe ich mit meinem Chef zusammengesessen und wir haben uns auch über Sie unterhalten. Da ist mir plötzlich aufgefallen, dass Sie seit einigen Wochen deutlich weniger einkaufen. Mein Chef hat mich gefragt, was denn hier los sei, denn schließlich sind Sie ja ein guter Kunde. Ehrlich gesagt, wusste ich gar nicht, was ich sagen soll. Was soll ich meinem Chef sagen?"

Geben Sie sich nicht gleich mit der ersten Aussage zufrieden. Gehen Sie in die Kundenergründung, um die möglicherweise neuen Wünsche und Bedürfnisse festzustellen. Überprüfen Sie, ob Sie diese wirklich erfüllen können. Wenn nicht, dann wecken Sie in ihm die Wünsche und Bedürfnisse, die für Sie, Ihr Angebot und Ihre Firma passend sind. Diese sollten sich möglichst auch von den alternativen Lieferanten des Kunden unterscheiden. Werfen Sie mit ihm einen Blick in die Zukunft. Fragen Sie ihn, ob Sie beide dann wieder richtig zusammenarbeiten werden, wenn das Besprochene umgesetzt wird.

9.2 Sprechen Sie mit Ihren ehemaligen Kunden!

Kunden gehen und Kunden kommen. Das ist normal. Es wird nur schlecht für Sie sein, wenn zunehmend mehr Kunden gehen. Seien Sie hier bitte stets beherrscht und kontrolliert. Denn wenn ein Kunde „fremdgehen" will, so muss dies ja nicht für immer sein. Manchmal muss es Menschen erst richtig schlecht gehen, damit sie merken, wie gut sie es zuvor hatten.

Wenn Sie als Mensch eine Entscheidung treffen wollen oder müssen, dann ist es logisch, dass Sie diese auch irgendwann fällen. Möglicherweise war diese im

Rückblick betrachtet falsch. Das wissen Sie aber nicht sofort. Wechselwillige Kunden haben die Vorstellung, dass es mit der Alternative besser geht. Die Entscheidung zum Wechsel wird getroffen – mit allen Konsequenzen. Dann kommt die Realität. Entweder wird die Zukunft so sein, wie sie es sich vorgestellt haben, möglicherweise sogar noch besser – aber eventuell ist alles viel schlimmer. Viele machen Fehler. Oftmals wird das Fehlverhalten erkannt, nachdem neue Informationen und andere Gefühle vorliegen. Menschen entscheiden sich somit stets richtig, im Nachhinein aber manchmal nicht optimal. Das wussten sie aber damals noch nicht, sonst hätten sie es ja nicht getan.

Halten Sie als Verkäufer daher stets lockeren Kontakt zu Ihren ehemaligen Kunden. Geben Sie ihnen das Gefühl, dass Sie gerne weiterhin mit Ihnen zusammenarbeiten möchten. Lassen Sie sich auch weiterhin bei Ihren ehemaligen Kunden sehen.

Wenn es Ihnen gelingt, die Beziehung zum ehemaligen Kunden aufrechtzuerhalten, dann können Sie wertvolle Informationen bekommen. Er kann Ihnen Tipps geben, damit es zukünftig besser läuft. Vielleicht erhalten Sie Zugang zu Informationen, die Sie so noch nie gehört haben. Eventuell hat dieser Wechsel auch „nur" mit Ihnen als Verkäufer zu tun. Solche Informationen gehen direkt ans Herz und schlagen jedem auf den Magen. Schließlich geht es um Ihre Werte und Einstellungen als Mensch. Aber: Wenn es wirklich ausschließlich und objektiv gesehen an Ihnen liegt, dann können Sie es wenigstens eigenverantwortlich ändern. Schwieriger ist es da schon, wenn Ihre Produkte oder Ihr Arbeitgeber sich im Markt so verhalten, dass sie Kunden verprellen. Denn diesen Kurs können Sie kaum alleine ändern. Bevor Sie die Kritik allzu voreilig auf Ihre Produkte bzw. Ihren Arbeitgeber statt auf sich beziehen, schauen Sie bitte auf Ihre Kollegen in Ihrer Firma. Wenn es mehrere Verkäufer gibt, die erfolgreicher sind als Sie, dann liegt es vielleicht doch mehr an Ihnen, als Sie ursprünglich annahmen. Die Einstellung „Schuld sind immer die anderen" führt auch hier nicht weiter.

9.3 Finden Sie Ihren Feind Nummer 1 heraus!

Bei wem kaufen Ihre ehemaligen Kunden jetzt? Welche Mitbewerber graben derzeitig Ihre Kunden an? Erst wenn Sie Ihren Feind kennen, können Sie entsprechende Maßnahmen einleiten. Vielleicht wundern Sie sich über den bewusst gewählten Begriff „Feind". Doch wenn Ihnen jemand Ihre Kunden wegnimmt, Ihnen letztlich Ihr Einkommen schmälert und zunehmend Ihre Freude raubt, dann ist es bestimmt kein „Branchenpartner" oder „Marktbegleiter". Es ist Ihr Feind. Entweder macht er den Umsatz oder Sie.

Es gibt keinen Grund, sich vor dem Menschen, der Ihnen nun das Leben schwerer macht, zu fürchten. Er macht anscheinend einen guten Job. Vielleicht können Sie oder Ihre Firma sogar noch etwas von ihm lernen. Reden Sie nicht schlecht über ihn. Es glaubt Ihnen eh kaum jemand. Jedes Mal, wenn Sie den Namen Ihrer Mitbewerber im Kundengespräch nennen, werten Sie diesen auf. Sollte also mal ein Kunde über diese Firma sprechen, dann verhalten Sie sich stets respektvoll. Sagen Sie vielleicht: „Ja, jeder von uns hat seine Stärken."

Finden Sie geschickt heraus, was der Markt an Ihrem Mitbewerber gut findet. Ist es vielleicht nur der Verkäufer dieser Firma oder möglicherweise der gesamte Wettbewerber? Ein himmelweiter Unterschied! Wenn Sie nämlich durch Zufall einen starken Verkäufer in Ihren Bezirk gesetzt bekommen, dann wird sehr wahrscheinlich Ihre Zentrale recht wenig gegen ihn ausrichten können oder wollen. Sollte der Wettbewerber Sie insgesamt als Unternehmen bedrohen, ist die Wahrscheinlichkeit, dass Sie Unterstützung von der Geschäftsleitung erhalten werden, größer. Schließlich geht es jetzt nicht mehr nur um Sie, sondern um Ihren Arbeitgeber insgesamt.

Wie dem auch sei. Sie sind für Ihren Bezirk letztlich alleine verantwortlich und müssen das Beste daraus machen. Mit welcher Strategie wurden oder werden Ihre Kunden abgeworben? Geht es hier wirklich nur um den Preis, oder wird hier vielleicht geschickt ein Wertekonflikt geschürt? Haben Sie plötzlich Qualitätsprobleme, oder aus welchem Grund laufen Ihnen die Kunden weg? Ist es eigentlich nur eine Firma, die Ihnen das Leben erschwert, oder sind es mehrere? Welche Vorstellungen und Erwartungen erfüllen diese, die Sie anscheinend in der Wahrnehmung des Kunden nicht erfüllen?

9.4 Reden Sie mit Ihrem Mitbewerber!

Wenn Sie beide in einem Bezirk tätig sind, ist es wahrscheinlich, dass Sie Ihren Mitbewerber auch mal zufällig treffen. Wenn nicht beim üblichen Kundenbesuch, dann möglicherweise auf einer Messe oder einer Kundenparty. Verhalten Sie sich gegenüber Ihrem Mitbewerber stets souverän. Es ist nicht von Vorteil, wenn Kunden beobachten und spüren, dass Sie Ihrem Mitbewerber mit negativen Emotionen begegnen. Es bringt auch nichts, wenn Ihr Mitbewerber spürt, dass Sie seinetwegen leiden. Er wird dann keinesfalls seine Akquisestrategie ändern, sondern womöglich denken: „Der hat jetzt schon Nervenflattern. Wenn der auch so bei seinen Kunden ist, dann brauchen die ihn auch nicht. Dann tue ich seinen Kunden doch mal einen Gefallen und befreie sie von ihm."

Gehen Sie auf Ihren Mitwerber zu und stellen Sie sich vor. Seien Sie natürlich. Die meisten erfolgreichen Mitbewerber sind ebenfalls sehr natürlich und menschlich. Reden Sie miteinander. Fragen Sie ihn, wie ihm seine Arbeit gefällt, wie er dazu gekommen ist, und erfahren Sie so seinen Werdegang und seine Strategie. Vielleicht verschließt sich mancher, doch das ist unwahrscheinlich, wenn auch Sie einige Informationen von sich preisgeben.

Verkäufern wird nachgesagt, dass sie gerne reden. Es ist manchmal verwunderlich, wie gerne Verkäufer von sich erzählen und somit auch das ein oder andere von sich und ihrem Arbeitgeber offenbaren. Die meisten Informationen werden Sie wahrscheinlich eh nicht nutzen können, um Kunden besser zu binden oder einfacher zurückzugewinnen. Trotzdem ist es interessant, seinen Feind zu kennen. Wie tickt er? Wie wirkt er? Wie spricht er? Was ist das Faszinierende an ihm?

Nach dem Gespräch machen Sie sich über das Gehörte Gedanken. Stimmt das alles oder wurde hier gesponnen oder gelogen? Wie können Sie die neuen Informationen gewinnbringend nutzen?

9.5 Lenken Sie Ihren Mitbewerber ab!

Wenn ein Verkäufer sehr expansiv Kunden gewinnt, möglicherweise zusätzlich fürstlich entlohnt wird durch ein entsprechendes Vergütungssystem, dann bleibt ihm weniger Zeit für die Stammkundenbetreuung und somit Kundenbindung.

Vielleicht können Sie Ihre Kunden öfters besuchen. Dann signalisieren Sie, dass Sie mehr für Ihre Kunden da sind. Außerdem bestellen viele Kunden mehr, wenn diese statt im Monatsrhythmus alle drei Wochen besucht werden. Je häufiger Sie Kontakt zu Ihren Kunden haben, umso mehr bekommen Sie natürlich auch mit, was gerade bei den Kunden los ist.

Es gibt häufig mehrere Verkäufer, die in einem Bezirk um die Gunst der Kunden buhlen. Vielleicht gibt es in Ihrem Bezirk einen Verkäufer, der weniger gut ankommt als Sie. Manche Verkäufer meinen nach einigen Jahren, dass sie wesentlich ruhiger und entspannter arbeiten können, weil sie nun alles erreicht haben. Andere sind frisch dabei und machen viele Anfängerfehler. Somit gibt es in der Wahrnehmung des Kunden hoffentlich immer welche, die es schlechter machen als Sie.

Jetzt mal angenommen, Sie sind ein durchschnittlicher Verkäufer und jeder siebte Kunde von Ihnen, den Ihr Mitbewerber in seine Welt einlädt, geht zu ihm oder nimmt seine Produkte mit in sein Sortiment auf. Würde Ihr Mitwerber nicht noch erfolgreicher sein, wenn er sich einen schwächeren Gegner aussuchen würde als Sie? Vielleicht klingt diese Strategie ein wenig gemein, aber es kann durchaus sinnvoll sein, den Mitbewerber zu signalisieren, dass er es mit einem anderen einfacher hätte als mit einem selbst.

Doch wie kommunizieren Sie ihm das? Vielleicht teilen Sie ihm mal bei Gelegenheit beiläufig mit, dass Sie zurzeit viel Erfolg bei den Kunden haben, die mit Firma X zusammenarbeiten. Sehr wahrscheinlich wird er es auch ausprobieren wollen und wendet sich von Ihnen ab – zumindest vorläufig. Sie werden hoffentlich bis dahin Ihr Glück bei all diesen potenziellen Kunden vorab versucht haben, sodass er jetzt nicht auch noch Kunden bekommt, die Sie auch hätten gewinnen können.

Der andere Weg ist: Nehmen Sie ihm seine Kunden weg. Zeigen Sie ihm, dass er vielleicht ein toller Kundengewinner ist – aber ein katastrophaler Kundenbinder. Holen Sie ihn auf den Boden der Tatsachen zurück. Gehen Sie gezielt zu seinen größten Kunden hin, damit er weiß, dass ein Waffenstillstand zwischen Ihnen beiden am sinnvollsten wäre. Es kann sein, dass Sie nicht alle seine Kunden gewinnen können – aber hinterlassen Sie Spuren. Sie kennen es doch selbst: Wenn Sie beim Kunden sind oder durch sein Lager laufen, dann springen Ihnen doch Muster, Briefe und Visitenkarten Ihrer Mitbewerber förmlich ins Auge. Zeigen Sie ihm, dass Sie präsent sind. Vermitteln Sie ihm, dass er sich den Falschen ausgesucht hat. Je mehr Spuren Sie hinterlassen, umso mehr muss er sich Gedanken machen, welchen Kunden Sie ihm jetzt wohl wegnehmen werden.

Es kann sein, das nicht nur Sie unter diesem Wettbewerber leiden, sondern auch weitere Vertreter von Ihren anderen Mitbewerbern. Vielleicht ist eine Zusammenarbeit möglich. Denn Ihr gemeinsamer Feind wird umso nervöser, je mehr Verkäufer plötzlich seine Kunden angehen. Probleme verbinden Menschen. Viele sind offener als Sie denken. Unterbreiten Sie ihnen entsprechende Lösungswege und Schlachtpläne.

9.6 Überlegen Sie sich neue Argumente!

Wenn Ihr Mitbewerber Kunden von Ihnen abwirbt, dann scheint er irgendwelche Wünsche und Bedürfnisse Ihrer Kunden besser befriedigen zu können als Sie. Oder er weckt zumindest die Vorstellung. Sie können dann nicht mehr weitermachen wie bisher.

Vielen Verkäufer fallen immer nur die Gründe ein, weshalb Mitbewerber Wettbewerbsvorteile gegenüber ihnen haben und vergessen dabei ganz, sich auf ihre eigenen Stärken zu konzentrieren.

Überprüfen Sie Ihre Argumentation, Ihr Verhalten, Ihr Konzept. Sprechen Sie auch mit Kunden, die Ihnen treu ergeben sind. Was zeichnet Sie, Ihr Angebot und Ihre Firma aus? Was schätzen die Kunden an der Zusammenarbeit?

Manche Verkäufer haben ein so breites Sortiment, dass sie vergessen, dem Kunden all diese Möglichkeiten und Werkzeuge regelmäßig anzubieten. Nehmen wir mal an, Sie haben neben tollen Produkten auch Seminare im Angebot. Vielleicht haben Sie einen Kunden ein- oder zweimal zu einem Seminar eingeladen, aber der Kunde hat immer abgelehnt. Als Verkäufer, der sich jeden Tag mit sich und seinem Angebot beschäftigt, wissen Sie, dass Sie weiterhin nützliche Produkte und Seminare im Angebot haben. Es kann sein, dass Sie die Seminare dann einige Monate oder Jahre nicht mehr ins Spiel bringen, denn schließlich hatte damals der Kunde mit Ablehnung reagiert. Doch was ist, wenn der Kunde für sich plötzlich Fortbildungsbedarf entdeckt? Es ergibt sich nicht von selbst, dass der Kunde nun auf Sie zukommt. Plötzlich knüpft ein Mitbewerber im richtigen Moment Kontakt zu diesem Kunden, erzählt etwas von einem Seminar und Ihr Kunde bucht! Wenn Sie dann zum Kunden sagen, er hätte das Seminar auch bei Ihnen buchen können, wird er sich vielleicht daran erinnern. Dies bringt Ihnen aber jetzt auch nichts mehr. 1:0 für Ihren Mitbewerber.

Hilfreich ist daher, eine anschauliche Komplettübersicht zu präsentieren, die all Ihre Leistungen und Mehrwerte aufführt; vielleicht als DIN-A4-Blatt selbst gemacht oder von der Zentrale als größeres Poster gestaltet. Erklären Sie Ihrem Kunden Ihr umfangreiches Produkt- und Leistungsangebot und überreichen Sie ihm dann diese Informationen.

Vielleicht findet Ihr Chef die Posteridee nicht gerade toll. Macht nichts. Wie wäre es, wenn Sie mit dem Kunden gemeinsam eine individuelle Skizze anfertigen? Diese kann er behalten. Er wird dann jedes Mal, wenn er sie sieht, an das tolle partnerschaftliche Gespräch erinnert werden. Im Folgenden sehen Sie, wie eine solche Skizze aussehen könnte (s. Abb. 9.1).

9.7 Tauschen Sie sich mit Ihren Kollegen aus!

Alle Bezirke sind verschieden. Somit fahren auch Ihre Mitbewerber unterschiedlich weit in die Nachbarbezirke Ihrer Kollegen hinein. Hier ist die Einrichtung eines Meldesystems sehr hilfreich. Kaum ein Verkäufer sagt auf Tagungen, dass er einen Kunden verloren hat. Was soll auch der Chef dazu sagen, und was sollen die Kollegen denken? Darum verlaufen viele Tagungen im Sande: Alle Verkäufer unterhalten sich lieb und nett mit ihren Vorgesetzten; jeder wahrt seine Fassade und keiner spricht über seine Probleme.

In manchen Firmen ist es Philosophie bzw. Kultur, dass Informationsvermittlung auf Konferenzen im Vordergrund steht, statt das Üben und Ausarbeiten von Konzepten, das Ermitteln von Schwachstellen und Chancen sowie die Analyse des

9.7 Tauschen Sie sich mit Ihren Kollegen aus!

WIR BIETEN:

- Bewährte und bekannte Produkte → MARKEN
- Regelmäßige INNOVATIONEN
- Qualifizierten AUSSENDIENST
- Praxisorientierte SEMINARE
- Keinen MINDESTBESTELLWERT
- Keine MINDESTMENGEN

DAS BRINGT IHNEN

- ANWENDUNGSSICHERHEIT
- VERTRAUEN Ihrer BELEGSCHAFT UND KUNDEN.
- Stets NEUE CHANCEN Ihre Kunden zu BINDEN und NEUE zu gewinnen.
- Regelmäßige ANREGUNGEN und TIPPS für Ihren unternehmerischen ERFOLG
- Individuelle WEITERBILDUNG jedes Ihrer Mitarbeiter
- Sie bekommen NUR DAS, was Sie brauchen
- Sie investieren nicht unnötig in Ihr LAGER.

Abb. 9.1 Das Angebot von Firma X auf einen Blick

Kundenfeedbacks. Dies nimmt manchmal solche Ausmaße an, dass eine Führungskraft Ärger bekommt, wenn sie die Zentrale darüber informiert, dass die Moral der Verkäufer leidet oder ein Produktmanager nachweislich am Markt vorbei gedacht hat. Es wird manchmal sogar die Auffassung vertreten, dass eine „gute" Führungskraft den Standpunkt der Zentrale so zu vertreten hat, dass nicht die Firma versagt hat, sondern der Verkäufer die falsche Einstellung mitbringt. Falls Sie in einer solchen Firma arbeiten und Karriere machen wollen, dann empfiehlt es sich, viel Zeit in das interne Beziehungsmanagement zu investieren.

Halten Sie einen guten Kontakt zu Ihren Bezirksnachbarn. Vielleicht ist dort der nächste Mitbewerber, der sich langsam zu Ihrer Bezirksgrenze vorarbeitet. Es kann auch sein, dass Ihr Kollege Schwachstellen beim Mitbewerber kennt, die neu für Sie sind. Manchmal bekommt man gar nicht mit, dass ein Mitbewerber schon seit Monaten seinen Bezirk nicht mehr persönlich betreut, sondern ein Nachfolger oder sein Stellvertreter am Werk ist. Verkauf hat viel mit Personen und der Chemie untereinander zu tun. Nutzen Sie solche Informationen und zeigen Sie dort Präsenz, wo Sie neue Chancen wittern.

Warten Sie nicht auf einen Anruf Ihrer Kollegen. Viele sind träge. Rufen Sie beispielsweise Ihre Bezirksnachbarn einmal im Monat an und tauschen Sie Ihr Wissen aus. Achten Sie aber darauf, mit wem Sie sich unterhalten. Es gibt solche und solche Verkäufer. Machen Sie sich über die geschilderten Erfahrungen und Meinungen stets ein eigenes Bild.

Vielleicht nutzen manche Verkäuferkollegen Sie als seelischen Mülleimer aus: Sie rufen Sie an, um sich mal richtig auszukotzen. Häufig fühlt sich danach der Anrufer besser, doch was ist mit Ihnen? Achten Sie also darauf, ob Sie durch die Gefühlsausbrüche Ihrer Kollegen negativ beeinflusst werden. Brechen Sie das Gespräch gegebenenfalls ab. Denn Ihre Kunden warten auf Sie, und da ist es vorteilhaft, wenn Sie gut drauf sind.

9.8 Bitten Sie um Hilfe!

Große Kunden springen häufig nicht so schnell von einem zu nächsten Tag ab wie kleinere. Sicherlich auch deswegen, weil sie wissen, dass sie besondere Kunden sind und entsprechende Bindungen wahrnehmen. Gewöhnlich geben sie einem Verkäufer die Möglichkeit eines letzten Wortes oder sie kündigen eine mögliche Entwicklung sehr zeitig an.

Bedanken Sie sich für einen solchen Hinweis beim Kunden. Sagen Sie ihm, wie sehr Sie es schätzen, dass er Ihnen ehrlich sagt, was er denkt bzw. gedenkt zu tun. Freuen Sie sich darüber, dass Sie somit eine Chance haben, diesen Kunden noch besser zu binden. Erst recht, wenn er das Thema von sich aus anspricht. Nun ist die Wahrscheinlichkeit groß, dass er jetzt darüber auch mit Ihnen reden will und kann.

Erfragen Sie geschickt, was er vermisst, wo er Unterstützung braucht und was geschehen müsste, damit er weiterhin zu Ihnen und Ihrer Firma steht und bei Ihnen kauft. Ergründen Sie ihn genau und schließen Sie dann mit der hypothetischen Frage: „Mal angenommen, ich bringe das so durch. Sind wir dann weiterhin Partner und arbeiten weiterhin so gut zusammen wie bisher?" Wenn hierauf kein klares „Ja" folgt, dann fragen Sie nach: „In dem Fall fehlt noch etwas, was ist es?" Schweigen hilft Ihnen hier enorm weiter. Es gibt manche Kunden, die etwas langsamer denken und genau überlegen, was sie dann sagen wollen. Sollten Sie zu schnell einfallen, stören Sie die Offenheit des Kunden.

Wenn ein Kunde, speziell ein Großkunde, abtrünnig zu werden droht, dann schlagen Sie Alarm. Telefonieren Sie mit Ihrem Chef, erarbeiten Sie mit ihm Konzepte und Verhaltensweisen. Tauschen Sie sich mit Kollegen aus, die vermutlich ähnliche Kunden haben. Wie gehen Ihre Kollegen damit um, wenn deren Kunden abspringen wollen? Welche Maßnahmen ergreifen Ihre Verkäuferkollegen, um ihre Kunden zu binden?

Vermitteln Sie Ihren Kunden das Gefühl, dass Sie engagiert sind und bleiben. Versprechen Sie nichts, was Sie nicht halten können.

9.9 Beugen Sie Angriffen systematisch vor!

Sie sind hin und wieder im Büro. Die dortige Zeit können Sie gut nutzen, um Daten über Ihre Mitbewerber zu sammeln:

- Welcher Ihrer Kunden kauft bei wem?
- Wo kaufen die Kunden, die noch keine Kunden von Ihnen sind?
- Welcher Verkäufer betreut welche Kunden?
- Was wissen Sie über den Verkäufer?
- Welcher Ihrer Mitbewerber schwächelt?
- Welcher Ihrer Mitbewerber erstarkt?
- Welcher Verkäufer kommt weshalb in Ihrem Bezirk wie an?

Zudem ist es wichtig, systematisch die eigenen Zahlen zu analysieren:

- Welcher Kunde kauft mehr bei Ihnen? Welche Artikel sind dies vor allem?
- Welche Kunden kaufen weniger bei Ihnen? Welche Artikel sind dies vor allem?

- Gibt es Artikel im Markt, die Sie auch im Sortiment haben und die generell gut laufen?
- Welche Artikel verschwinden zunehmend vom Markt?
- Gibt es zunehmend neue Kunden, die möglicherweise einen bestimmten Artikel stark nachfragen? Vielleicht einen untypischen Artikel?
- Welche Kunden sind gefährdet, weil bei ihnen beispielsweise ein Inhaberwechsel oder ein Personalwechsel bevorsteht?
- Nutzen Sie Ihre zeitlichen Kapazitäten effizient: Verbringen Sie die meiste Zeit bei den Kunden, bei denen es am sinnvollsten ist?

Setzen Sie ein wenig Statistik ein, denn so können Sie leicht feststellen, wo Sie stehen und wie sicher Ihre Zukunft ist, wenn Sie so weiter machen wie bisher. Vielleicht verfügen Sie über Durchschnittswerte Ihrer Verkäuferkollegen. Liegen Sie bei allem, was stark nachgefragt wird, über dem Durchschnitt? Wenn nicht, wie können Sie dies gemeinsam mit Ihren Kunden ändern?

9.10 Reagieren Sie auf Fragen Ihrer Kunden kompetent und angemessen!

Verkäufer verstehen sich mit manchen Kunden so gut wie mit Freunden. Dann ist es nur allzu verständlich, wenn sich der ein oder andere Kunde über Sie Sorgen macht. Denn auch Ihre Kunden merken, wenn Ihre Wettbewerber sich zunehmend von Ihnen abwenden.

Reagieren Sie natürlich und menschlich auf Nachfragen der Kunden. Hüten Sie sich davor zu sagen, dass diese ehemaligen Kunden gar keine Ahnung haben, denn möglicherweise war Ihr Mitbewerber auch schon bei Ihrem Gesprächspartner, und nun will dieser von Ihnen hören, was Sie davon halten.

Wenn er Ihnen offensichtlich Probleme bereitet, dann geben Sie das zu. Dies ist ja schließlich kein Geheimnis mehr. Ergreifen Sie aber nun die Gelegenheit, um Ihren Kunden nach seiner Meinung zu fragen: Fragen Sie ihn, wie er zu Ihnen und Ihrem Angebot steht. Vielleicht ist dieses Gespräch eine gute Gelegenheit, um den Kunden noch fester an Sie zu binden.

Wenn ein bislang treuer Kunde meint, er würde das gleiche Produkt oder die gleiche Leistung woanders billiger bekommen, dann müssen Sie gute Argumente einsetzen. Sie wollen ja Ihren Kunden behalten. Hier hilft Ihnen ein kleines Wortspiel: „Früher hieß es, dass es nichts gibt, das nicht ein klein wenig billiger und schlechter hergestellt werden kann. Heute ist es so, dass es nichts gibt, das nicht ein wenig billiger – dafür aber anders – hergestellt wird. Denn letztlich sind viele

9.10 Reagieren Sie auf Fragen Ihrer Kunden kompetent und angemessen! 111

Produkte heutzutage auf den ersten Blick gleich." Dies ist ein großer Unterschied. Sie geben zu, dass auf den ersten Blick das Angebot gleich ist, dennoch sagen Sie, dass es anders sein muss, sonst könnte man es kaum zum ähnlichen oder gar günstigeren Preis qualitativ so gut herstellen und anbieten.

Viele Kunden wollen auch nur die Bestätigung bekommen, dass es richtig ist, mit Ihnen weiterhin zusammenzuarbeiten (Abb. 9.2).

Abb. 9.2 Wie Sie Mitbewerbern mutiger entgegentreten

Frage 10: Wie sorge ich für eine überdurchschnittliche Kundenbindung?

Schon seit einigen Jahren bin ich in meinem Bezirk unterwegs. Ich habe das Gefühl, dass ich richtig „fett" drin bin, sodass ich eigentlich gar keine weiteren Kunden haben will. Dennoch merke ich immer mehr, dass meine Kunden von meinen Mitbewerbern sehr stark angegangen werden. Sie bleiben mir zwar weiterhin recht treu, doch wer weiß, wie lange noch. Deswegen frage ich mich, wie ich meine Kunden, insbesondere meine besten Kunden, noch besser binden kann. Vielleicht mache ich das auch schon recht gut, dennoch brauche ich einfach mal ein paar Tipps und Anregungen. Schließlich will ich mir ja nicht vorwerfen lassen müssen, dass ich nicht alles versucht hätte, um die Kunden zu behalten.

Jörg K. aus S.

Dieses Kapitel enthält Videos und Dateien, die mit der kostenfreien SN More Media App aus dem iOS- und Android-Store abspielbar oder downloadbar sind. Dazu einfach die Abbildungen, die das App-Logo tragen, scannen

Elektronisches Zusatzmaterial Die elektronische Version dieses Kapitels enthält Zusatzmaterial, das berechtigten Benutzern zur Verfügung steht https://doi.org/10.1007/978-3-658-27252-4_10. Die Videos lassen sich mit Hilfe der SN More Media App abspielen, wenn Sie die gekennzeichneten Abbildungen mit der App scannen.

© Springer Fachmedien Wiesbaden GmbH, ein Teil von Springer Nature 2019
O. Schumacher, *Was viele Verkäufer nicht zu fragen wagen*,
https://doi.org/10.1007/978-3-658-27252-4_10

10.1 Berücksichtigen Sie, was Menschen wollen!

Menschen und somit auch Kunden wollen wenig Probleme haben. Sie möchten gewöhnlich nicht allzu kritisch hinterfragt werden, damit ihr eigenes Weltbild nicht zerstört wird. Der typische Mensch wünscht es sich, seine mehr oder weniger konkreten Ziele zu erreichen. Diese Ziele variieren von Mensch zu Mensch erheblich. Einige sind zufrieden, wenn alles so bleibt wie es ist – andere sind unzufrieden, wenn sie weniger als 1000 € am Tag verdient haben. Menschen suchen in ihrer Umgebung überwiegend Gleichgesinnte, die sie in ihrem Handeln bestärken. Sie wollen in der jeweiligen Gruppe anerkannt sein und dann auch das entsprechende Feedback bekommen, das ihnen die Gruppenzugehörigkeit signalisiert.

Der Wunsch nach einem Leben ohne Probleme ist Illusion. Es wird immer wieder jemanden geben, der mit oder ohne böse Absicht dem anderen Menschen das Leben schwer macht und ihm Knüppel zwischen die Beine wirft. Jeder Mensch hat unterschiedliche Bedürfnisse, Wahrnehmungen und Wünsche, somit sind Konflikte programmiert und gehören zwangsläufig zum Leben dazu. Folglich sollten die Konflikte mit möglichst wenig Stress und Aufwand gelöst werden.

Jeder Unternehmer ist von zahlreichen Unsicherheitsfaktoren umgeben. Von einem auf den anderen Tag können Kunden weglaufen, Lieferanten Probleme bereiten oder Mitarbeiter nicht im Sinne der Firma arbeiten. Auf ungeplante Geschehnisse reagieren Unternehmen oder einzelne Mitarbeiter stets unterschiedlich. Dies liegt in den unterschiedlichen Erfahrungen und daraus resultierende Meinungen begründet und wirkt sich auch auf die gesetzten Standards sowie auf die Kommunikation aus.

Wenn Sie als Verkäufer unterwegs sind, dann denken Sie stets daran, dass Menschen von Menschen kaufen und alle unterschiedliche Vorstellungen und Bedürfnisse haben. Somit können Sie sich mit dem, wie Sie sich verhalten, mit dem, was Sie sagen, und mit dem, was Sie tun, blitzschnell positiv oder negativ in der Wahrnehmung und Erinnerung des Kunden positionieren.

Bringen Sie und Ihre Angebote nachweislich Lösungen und Konzepte, Geld, Umsätze, Gewinne, Sicherheit, Komfort, Image, weniger Stress, weniger Druck und mehr Freude? Wenn nicht, dann überlegen Sie, wie Sie dieses kurz- und mittelfristig schaffen. Kommunizieren Sie kundenspezifisch! Bringen Sie in Erfahrung, welche Nutzen und Werte Ihren Kunden am wichtigsten sind. Platzieren Sie Ihr Angebot optimal in die Vorstellungswelt des Kunden. Gelingt Ihnen das, so rückt automatisch der Preis aus dem Rampenlicht und verliert an Bedeutung. Je nützlicher und wertvoller der Kunde Sie einschätzt, umso lieber wird er bei Ihnen kaufen.

10.2 Verlieren Sie den Kunden als Mensch nicht aus den Augen!

Letztlich wird Geld in eine Gegenleistung getauscht. Für viele ist es selbstverständlich, für einen gewissen Preis eine bestimmte Leistung zu erhalten oder zu geben. Daher werden Geschäftsbeziehungen von den Beteiligten gerne als normal und üblich angesehen, schließlich wurde ja getauscht. Dennoch ist es so, dass bei diesem Tausch möglicherweise der Mensch an sich – auf beiden Seiten – noch nicht genug gewürdigt worden ist.

Viele Geschäftsbeziehungen degenerieren zur Selbstverständlichkeit. Der Verkäufer kommt, der Kunde bestellt, der Lieferant liefert und der Kunde bezahlt. So geht das häufig über viele Jahre hinweg gut, bis irgendwann der Kunde auf Abwege gerät. Möglicherweise gelingt es einem Wettbewerber, dem Kunden zu verdeutlichen, dass er als Mensch bei diesem Vorgang mehr Wertschätzung und Freude empfinden könnte.

So ist es auch zu verstehen, dass sicherlich der Verkauf über Internet boomt, aber dennoch auch weiterhin Menschen Produkte in einem Ladengeschäft suchen und kaufen. Diese wissen durchaus, dass es im Internet günstiger sein könnte. Vielleicht bestellen sie auch später im Internet. Dennoch will ein Kunde das Gefühl bekommen, dass er sein Geld in eine für ihn optimale Gegenleistung tauscht. Dieses Gefühl bekommt er gewöhnlich eher, wenn er ein menschliches Gegenüber hat.

Es gibt den Spruch: „Was du nicht willst, dass man dir tu', das füg' auch keinem anderen zu!" Diese Regel legt nahe, Kunden so zu behandeln, wie man selbst behandelt werden möchte. Also mit Respekt, Blickkontakt, Ehrlichkeit und Fairness. Wenn Sie aber alle Kunden so behandeln, wie Sie es in der Rolle des Kunden wünschen, dann laufen Sie trotzdem Gefahr, viele Kunden nicht zu erreichen. Der Spruch: „Behandle jeden Kunden so, wie dieser behandelt werden möchte!", bringt es eher auf den Punkt. Denn jeder Mensch ist anders und hat unterschiedliche Maßstäbe. Manche Kunden wollen Smalltalk – und andere nicht. Einige Kunden wollen alle Details wissen – andere nicht. Ferner ist auch zu berücksichtigen, dass Sie schon deshalb nicht alle Kunden gleich behandeln sollten, weil nicht alle Kunden für ihre verkäuferische Zukunft gleich wichtig sind. Da Zeit ein knappes Gut ist, müssen Sie sie sinnvoll verwenden und bei den richtigen Kunden verbringen. Am besten bei Ihren besten Kunden, denn diese sind die Wunschkunden Ihrer Mitbewerber!

Geben Sie Ihren Kunden das Gefühl, dass Sie ihnen gerne etwas verkaufen möchten, haben Sie Freude beim Auftrag machen, zeigen Sie Ihrem Kunden, dass er eine Bereicherung für Sie und Ihr Unternehmen ist. Schätzen und würdigen Sie ihn.

Sollte der Kunde außergewöhnliche Vorstellungen und Erwartungen haben, möglicherweise auch utopische, so klären Sie ihn freundschaftlich auf. Stellen Sie sich vor, Sie sind in einem Ladengeschäft. Sie suchen für Ihre Partnerin ein Geschenk zum Valentinstag. Endlich haben Sie ein passendes Geschenk gefunden und Sie reihen sich in die lange Schlange an der Kasse ein. Nachdem Sie bezahlt haben, bitten Sie die Verkäuferin, das Geschenk zu verpacken. Doch die Verkäuferin bellt zurück: „Sie sehen doch, dass der Laden rappelvoll ist. Für so etwas haben wir nicht auch noch Zeit!" Vielleicht war Ihr geäußerter Wunsch für den Laden unüblich. Doch selbst dann hätte die Verkäuferin durchaus wertschätzender kommunizieren können. Stoßen Sie also Ihren Kunden nicht vor den Kopf, denn vielleicht ist sein Wunsch aus seiner Sicht normal oder üblich.

Manche Menschen passen von Anfang an zusammen, andere wahrscheinlich niemals. Deshalb werden Sie auch nicht alle potenziellen Kunden erreichen. Das ist auch nicht schlimm, sondern logisch. Mit welchen Ihrer bestehenden Kunden menschelt es besser? Mit welchen weniger? Machen Sie sich Gedanken, wie Sie diese besser erreichen und somit schlussendlich an Sie und Ihr Unternehmen binden. Denn Sie als Verkäufer, als Ansprechpartner Nummer 1 des Kunden, spielen in dem Freundschaftsspiel „Lieferant versus Kunde" die wichtigste Rolle.

10.3 Überraschen Sie Ihre Kunden!

Positiv überrascht ist man dann, wenn man mehr bekommt als man erwartet. Positive Überraschungen sorgen für gute Emotionen. Menschen lieben positive Überraschungen und nehmen diese mehr oder weniger gerne an. Manche sind auch ein wenig zu bescheiden, dennoch freut sich jeder Mensch über unerwartete Wendungen, die ihm gute Gefühle bescheren.

In der heutigen Zeit sind manche Kunden sogar schon positiv überrascht, wenn eine Geschäftsbeziehung von Anfang an gut läuft. Für viele Kunden ist es nicht selbstverständlich, dass der Verkäufer die Wünsche und Erwartungen erfasst und umsetzt. Das führt zwangsläufig dazu, dass genaues und präzises Arbeiten Sie schon von vielen Ihrer Mitbewerber in der Wahrnehmung Ihrer Kunden abhebt.

Trotzdem wird sich früher oder später eine gewisse Langeweile oder Selbstverständlichkeit in die Geschäftsbeziehung einschleichen. Kunden gewöhnen sich schnell an gute Leistung und setzen diese über kurz oder lang voraus. Irgendwann rücken Mitbewerber in den Kopf des Kunden, die sehr wahrscheinlich alles genauso gut machen, nur vielleicht ein klein wenig günstiger.

Wann haben Sie Ihren Einkäufer, mit dem Sie auf einer Wellenlänge liegen und mit dem Sie gut zusammenarbeiten, das letzte Mal positiv überrascht? Viele Verkäufer denken hier jetzt an Geschenke: an ein leckeres Essen oder an vom Lieferanten organisierte Kundenpartys. Doch ist dies in der heutigen Zeit noch etwas Besonderes? Kann man damit wirklich noch einen Kunden überraschen?

Was könnten Sie Ihrem Kunden – gratis und ohne großen Aufwand – schenken? Wertschätzung ist sicherlich schon viel, aber passen Sie auf, dass Sie nicht wie ein Schleimer wirken. Hin und wieder den Kunden mit Namen anzusprechen, ist auch gut, doch sollten Sie es nicht in jedem vierten Satz tun, denn sonst wirkt es anbiedernd und unnatürlich.

Eine positive Überraschung wäre es, spontan dem Kunden bei seinen Problemen – egal ob privat oder geschäftlich – zu helfen. Stellen Sie sich beispielsweise die folgende Situation vor: Ihr Kunde erzählt Ihnen, dass er zurzeit den Kopf voll hat, weil er eine Kundenparty anlässlich seines zehnten Jubiläums organisieren muss. Ihm schwirren jetzt zahlreiche Ideen, Wege und Sackgassen durch den Kopf. Er weiß gar nicht, wo er zuerst anfangen soll. Das Ganze beschäftigt ihn sehr, und er ist froh, wenn das alles vorbei ist.

Wenn Sie Ihrem Kunden helfen können, seine Gedanken zu ordnen, dann haben Sie wirklich etwas geleistet. Fragen Sie ihn beispielsweise, wie er seine Planung durchführen will. Möglicherweise erzählt er Ihnen, dass er eine Liste schreibt und hofft, dabei nichts zu vergessen. Fragen Sie ihn, ob Sie ihm hier einen wertvollen Tipp geben dürfen. Wenn ja, dann nehmen Sie ein Blatt Papier und stellen ihm die Mind-Map-Methode vor (s. Abb. 10.1). Sie ist ein geniales Organisationsinstrument, das klar und deutlich Gedankengänge strukturiert und jederzeit Ergänzungen ermöglicht. Sollten Sie ihm diese Idee gut verkaufen, dann wird er Ihren Vorschlag gerne annehmen und umsetzen. Dadurch haben Sie ihn sehr angenehm überrascht: Sie haben ihm aufgezeigt, wie er seine Jubiläumsfeier strukturierter und stressfreier planen kann.

Wie können Sie sonst noch ohne großen Aufwand für Ihren Kunden nahezu kostenlos nützlich sein?

10.4 Sehen Sie nicht nur den Einkäufer, sondern alle Menschen im Kundenbetrieb!

Jeder Verkäufer möchte Aufträge schreiben. Ansprechpartner sind hier typischerweise der Einkäufer oder der Geschäftsführer. In Gremienverhandlungen ist dies noch ein wenig komplizierter. Dennoch sollten Sie nicht nur die unmittelbaren Verhandlungs- und Geschäftspartner wahrnehmen.

Viele Verkäufer wirken auf die Belegschaft im Unternehmen des Kunden oftmals unnahbar bis hin zu arrogant. Dies liegt möglicherweise daran, dass sich viele

10 Frage 10: Wie sorge ich für eine überdurchschnittliche Kundenbindung?

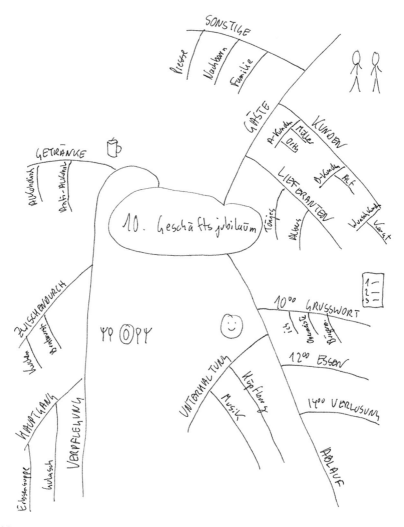

Abb. 10.1 Zehnjähriges Geschäftsjubiläum – Beispiel für ein Mind Map

Mitarbeiter vom Verkäufer links liegen gelassen fühlen. Jeder Mitarbeiter, egal ob er Ihnen einen Kaffee bringt oder den Auftrag unterschreibt, ist ein Mensch – mit entsprechenden Wünschen und Bedürfnissen. Es geht nicht darum, jedem einzelnen Mitarbeiter die Hand zu geben und sich vorzustellen, sondern allen aufgeschlossen und grundsätzlich freundlich zu begegnen.

Vielleicht hört sich dies alles sehr einfach an. Wenn ein Verkäufer weiß, dass eine aggressive Preisverhandlung bevorsteht oder eine Reklamation droht, ziehen sich viele in ihre Welt zurück. Sie gehen in Gedanken ihre Strategie und Taktik durch und wirken eventuell für Außenstehende verschlossen. Sinnvoll ist es nun, diesen gedanklichen Prozess, der sicherlich sehr wichtig ist, bereits vor dem Betreten des Kundengrundstücks abzuschließen.

Jeder Mitarbeiter kann schnell für Sie oder gegen Sie sein. Wenn Sie auf die Belegschaft negativ wirken, dann haben Sie es erheblich schwerer. Sympathieträger haben enorme Vorteile. Denn Menschen helfen gerne Menschen, die sie mögen. Es ist durchaus schon passiert, dass eine Auftragsvergabe scheiterte: Ein Einkäufer hätte einen Auftrag gerne vergeben, aber Mitarbeiter, die auf den ersten Blick unwichtig in Bezug auf die Auftragsvergabe wirkten, verhinderten dies geschickt.

Also denken Sie daran: Sie werden es immer einfacher haben, wenn Sie den Einkäufer und die Belegschaft auf Ihrer Seite haben. Darum begegnen Sie bitte jedem Menschen mit Respekt, gleichgültig, welche Position er hat. Denn früher oder später kommt er mit dem, was Sie dem Unternehmen verkauft haben, in Berührung. Somit liegt es an Ihnen, ob er sich dann im Zweifelsfalle darüber freut oder eher ärgert, dass Sie seinem Arbeitgeber etwas verkauft haben.

10.5 Strahlen Sie Ruhe aus!

Einige Menschen sind wie ein „Hans Dampf in allen Gassen". Sie verbreiten unnötige Hektik und halten viele Leute von dem ab, was sie gerade tun. Sie lieben es, im Mittelpunkt zu stehen und die Aufmerksamkeit auf sich zu ziehen. Ihr Selbstbewusstsein wächst dadurch bzw. ihr zu geringes Selbstwertgefühl wird dadurch geschickt kaschiert.

Der Alltag vieler Kunden ist schon aufreibend genug. Da brauchen die wenigsten auch noch einen Verkäufer, der rückblickend betrachtet anscheinend alle Mitarbeiter – egal ob positiv oder negativ – aufgebracht hat. Vielleicht ist diese Show eine optimale Möglichkeit, um sich in der Wahrnehmung des Kunden von anderen Mitbewerbern abzugrenzen. Doch die Gefahr ist groß, dass diese Strategie beim Kunden eher auf Ablehnung stößt.

Kunden, insbesondere hektische Kunden, schätzen einen Ruhepol im Gespräch. Dies hilft ihnen, logisch, strukturiert und sachlich zu denken und zu handeln. Ruhigeren Menschen wird gerne mehr Kompetenz und Autorität zugeschrieben. Viele sind von einer ruhigen und gelassenen Ausstrahlung beeindruckt.

Ruhen Sie in Ihrem Inneren. Das können Sie nur dann tun, wenn Sie mit dem, was Sie tun und sind, hundertprozentig übereinstimmen. Auch wenn es Ihnen fast unmöglich erscheint, sollten Sie es trotzdem versuchen. Eine fehlende innere Ruhe wirkt sich auf die Lebensqualität aus. Sie werden unter Ihren Möglichkeiten arbeiten und leben, wenn Sie im Inneren nicht ruhen. Wenn Sie Ihre Arbeit, sich selbst, Ihre Produkte, Ihre Kunden und Ihren Arbeitgeber nicht wirklich schätzen und würdigen, ja vielleicht sogar lieben können, dann laufen Sie mit angezogener Handbremse durch Ihr Leben.

Sie müssen ein spezielles Problem lösen und hierfür eine Bestellung aufgeben: Bei welchem Verkäufer würden Sie lieber kaufen: bei einem leicht aufgedrehten und sprunghaft wirkenden Verkäufer oder bei dem ruhigen Verkäufer, der Ihnen geduldig zuhört und Ihnen lösungsorientierte Fragen stellt?

Das bedeutet natürlich nicht, dass Sie alles bierernst nehmen müssen und keine lustige Bemerkung mehr machen dürfen. Sie sollen nur im richtigen Moment Ruhe ausstrahlen, nämlich dann, wenn es darauf ankommt.

10.6 Machen Sie die Dinge, die nicht unbedingt jeder machen würde!

Für viele Verkäufer hört die Arbeit auf, sobald die verkaufte Ware den Kunden erreicht hat, bei anderen schon direkt nach der Unterschrift unter dem Auftrag. Doch möglicherweise beginnt dann für den Kunden erst richtig die Arbeit, sodass Ihre Hilfe und Erfahrung hier sehr wertvoll sein können.

Signalisieren Sie Ihrem Kunden, dass es nicht nur das Verkaufen an sich ist, was Sie mit ihm verbindet. Versuchen Sie, spontan nützlich für den Kunden zu sein: Sortieren Sie mit dem Kunden oder alleine Ihre verkaufte Ware ein oder zeichnen Sie diese aus; führen Sie für ihn kostenlos eine Mitarbeiterschulung durch oder tauschen Sie ihm ohne großes Aufhebens Ware aus, die er nicht mehr gebrauchen kann.

Mit solch einem Verhalten können Sie viele positive Wahrnehmungspunkte beim Kunden sammeln. Hier ist auch ein wenig Ihr Gespür gefragt. Denn leider gibt es auch viele Kunden, die sich an solche Zusatzleistungen schnell gewöhnen und vom „Stamme Nimm" zu sein scheinen. Achten Sie also darauf, dass die Gegenleistung in Form von Aufträgen kurz- oder mittelfristig stimmt.

Sagen Sie durchaus auch einmal „Nein": Einige Kunden scheinen nichts Besseres zu tun zu haben, als mit dem Verkäufer lange zu reden und dann letztlich doch nichts zu kaufen. Für die Kunden ist ein gesprächiger oder ein gut zuhörender Verkäufer manchmal eine besondere Abwechslung, insbesondere dann, wenn der Kunde sonst nicht viel zu tun hat. Doch nutzen Sie diese Zeit lieber für Ihre wichtigen Kunden. Denn es ist gewinnbringender einem 30-minütigen Monolog eines guten Kunden zu folgen, als einem Kunden zuzuhören, der noch nie etwas bei Ihnen gekauft hat und dies auch aller Voraussicht niemals tun wird.

Vermitteln Sie Ihrem Kunden das Gefühl, dass Sie sich gerne für ihn Zeit nehmen. Lassen Sie sich aber nicht ausnutzen.

10.7 Sprechen Sie mit Ihrem Kunden regelmäßig über seine Ziele!

Wünsche und Bedürfnisse ändern sich. Was vor drei Jahren gut war, muss es heute nicht mehr sein. Somit besteht die Gefahr, dass sich die Ziele Ihres Kunden im Laufe der Zeit ändern, Sie dieses aber nicht entsprechend mitbekommen. Sollten Sie von anderen Motiven für die Zusammenarbeit oder Bestellungen ausgehen, führt dies häufig zum Auseinanderleben.

Viele Verkäufer denken jetzt an Jahresgespräche. Doch die meisten Kunden und Verkäufer sind so erzogen worden, dass es bei Jahresgesprächen nur um die nackten Zahlen geht: Umsätze werden betrachtet und überprüft, Trends abgeleitet und zukünftige Einkaufsvolumen und Preise festgelegt. Einige Arbeitgeber fördern dieses Verhalten auch noch, indem sie von ihrer Vertriebsmannschaft sogenannte Jahresabschlüsse einfordern. In diesen werden dann fein säuberlich die voraussichtlichen Umsätze mit entsprechenden Konditionen eingetragen und dann (hoffentlich) vom Kunden unterschrieben.

Wer mit solchen Formularen arbeitet, die nur Konditionen und Preise zum Inhalt haben, „erzieht" seine Kunden dazu, stets über Preise nachzudenken. Außerdem müssen Preise und Konditionen die Basis der Geschäftsbeziehung sein, denn sonst wäre der Verkäufer ja nicht über dieses Formular dazu angehalten. Schlussendlich wird das Zahlenwerk gewöhnlich auch noch unterschrieben, um die Wichtigkeit zu dokumentieren. Es kommt natürlich vor, dass dann geschickte Verkäufer zusätzlich auch über Werte und Ziele sprechen: Doch wenn der Kunde letztlich ausschließlich seine Konditionen unterschreibt, werden andere gemeinsame Ziele schnell vergessen.

Viele Verkäufer reden nicht gerne über Preise. Mit dem aufgeführten unvorteilhaften Formular müssen sie es aber dennoch tun, da sonst womöglich die Zentrale bei Nichteinreichung eines neuen Abschlusses rebelliert. Gewöhnlich ist in den Preisen auch keine Luft mehr drin, sodass der Verkäufer keine Spielräume mehr hat. Dem Kunden wird mit einem solchen Formular aber Hoffnung gemacht, dass er dies nun ändern kann.

Abzustimmende Ziele sind unter anderem auf eine neue Kundenergründung aufgebaut. Sprechen Sie mit Ihren Kunden über das, was er will, wieso er es will und wie er es zu erreichen gedenkt. Leisten Sie Ihren Anteil daran, weshalb Sie (weiterhin) der richtige Ansprechpartner und Lieferant sind und nennen Sie ihm die Gründe hierfür. Gehen Sie mit ihm in die Zukunft, in der alles so ist, wie es sein soll – mit Ihrer Unterstützung. Wenn ein Kunde fest davon überzeugt ist, dass er nur mit Ihnen seine Ziele erreichen kann, dann sind die Rabatte der Mitbewerber unerheblich. Denn Verkaufen ist mehr als nur Rabatte zu verteilen. Wenn Sie regelmäßig die Ziele mit dem Kunden absprechen, ihn bei der Erreichung seiner Ziele unterstützen und ihm zur Seite stehen, wird er Sie und Ihre Arbeit schätzen.

Zum kalendarischen Jahresende führen viele Verkäufer Jahresgespräche. Entsprechend voll sind dann die Terminkalender der Kunden und Lieferanten. Darum ist es hilfreich, antizyklisch zu arbeiten. Wie wäre es, wenn Sie beispielsweise vor den Sommerferien mit Ihren wichtigsten Kunden über Ihre gemeinsamen Ziele sprechen?

10.8 Sie müssen nicht jeden Kunden haben!

Sie haben nur begrenzt Zeit. Entsprechend geht es darum, dort Ihre Zeit einzusetzen, wo Sie am produktivsten sein können. Investieren Sie zur besseren Kundenbindung viel Zeit bei den Wunschkunden Ihres Mitbewerbers, bei Ihren Premiumkunden bzw. A-Kunden.

Zusätzlich sollten Sie die Kunden aufsuchen, die einen hohen Bedarf an Ihrem Angebot haben, diesen Bedarf aber überwiegend oder ausschließlich beim Mitbewerber befriedigen.

Viele Verkäufer neigen trotzdem dazu, Kleinstkunden mit „durchzuziehen". Sie vertreten die Auffassung, dass viele Kleinkunden umsatzmäßig einem Großkunden entsprechen. Sicherlich besteht die Chance, dass der ein oder andere Kleinkunde mit Ihnen wächst und Sie davon überproportional profitieren.

Überprüfen Sie dennoch genau, wie viele Jahre Sie schon wirklich hoffen und entsprechende Kunden mit hohem Zeitaufwand betreuen. Vielleicht ist das Ganze dann doch eine Zeitverschwendung. Bedenken Sie die Anfahrt, die Wartezeit, den kleinen Auftrag, die Erfassung bzw. Weiterleitung dieses Auftrags. Zudem können die Gespräche mit solchen Kleinstkunden recht lange dauern; denn diese sind oftmals froh, einen dankbaren Zuhörer gefunden zu haben …

Es gibt sicherlich in Ihrer Kundschaft viele nette Menschen. Die meisten kaufen bestimmt gerne bei Ihnen. Bei der Entwicklung Ihres Bezirkes und der Erreichung

Ihrer Ziele sind diese „ewig Kleinen" aber unterm Strich im Weg: Sie und Ihre Firma arbeiten hier nahezu vergeblich!

Wenn Sie den Kontakt nicht komplett abbrechen mögen, beispielsweise weil Sie die berechtige Hoffnung haben, dass bald ein Nachfolger den Einkäufer bzw. den Inhaber ablöst, dann halten Sie einen lockeren Kontakt aufrecht. Versuchen Sie eventuell die Kleinaufträge in regelmäßigen Abständen telefonisch abzuwickeln und besuchen Sie diese Kunden nur noch einmal im Jahr.

Sie sind Verkäufer. Es fällt auch in Ihren Aufgabenbereich, sich die passendsten Kunden zu suchen. Unvorteilhafte Kunden werden Sie nur runterziehen oder Ihnen auf Ihrem Weg zum Spitzenverkäufer Schwierigkeiten bereiten.

10.9 Seien Sie aufmerksam!

Sie sind genauso wie Ihre Kunden vielen Reizen durch Werbung, Fernsehen, Radio, Zeitschriften und Internet ausgesetzt. Es ist eine normale Schutzreaktion, sich dieser Reizüberflutung zu entziehen.

Achten Sie darauf, dass Ihnen bei der Informationsflut, die Ihnen entgegenschlägt, wichtige Informationen in Bezug auf Ihre Kunden nicht entgehen. Filtern Sie die Informationen heraus, die Ihnen oder Ihren Kunden nützlich sein könnten. Dies können beispielsweise Marktanalysen oder Artikel über Mitbewerber, neue Produkte oder Werbeideen sein. Unterhalten Sie sich mit Ihren Kunden darüber, was Sie gesehen oder erfahren haben. Vielleicht sind wichtige Infos für den Kunden dabei.

Als engagierter Ideenlieferant sammeln Sie bei Ihrem Kunden viele Pluspunkte. Er merkt, dass Sie mitdenken: Vier Augen und vier Ohren bekommen doppelt so viel mit. Sie signalisieren ihm, dass Sie mit ihm in einem Boot sitzen, und er erfährt, dass Ihnen sein Unternehmen nicht gleichgültig ist.

10.10 Seien Sie ein „guter" Verkäufer!

Erfolgreiches Verkaufen bedeutet, dass der Kunde zurückkommt und nicht die Ware. Leichter gesagt als getan, denn oftmals werden Kunden übers Ohr gehauen. Oder aus welchen Gründen ist das Bild des Verkäufers in der Öffentlichkeit so schlecht? Viele sehen in einem Verkäufer nur eine Person, die einen „über den Tisch ziehen" will.

Manche stehen dem Verkäuferberuf ablehnend gegenüber: Sie wollen sich nicht anbiedern oder gar „Kühlschränke an Eskimos" verkaufen. Doch ist dies tatsächlich

Praxis? Sind nicht langfristige Geschäftsbeziehungen nur auf der Basis von Ehrlichkeit und Zuverlässigkeit möglich? Sicherlich lassen sich viele Verkäufer in der Hoffnung auf das schnelle Geld zum unfairen Verkaufen verleiten. Andere werden von überforderten Führungskräften dazu gezwungen. Dies ist sehr bedauerlich, aber es gibt wohl kaum einen Berufsstand, der keine schwarzen Schafe hat.

Seien Sie somit stets ehrlich zu Ihren Kunden. Gehen Sie auf etwaige Bedenken des Kunden ein. Halten Sie nicht hinterm Berg mit Informationen, die der Kunde benötigt. Die Eigenschaften Ehrlichkeit, Fairness und Offenheit sind wunderbare Eigenschaften, um sich positiv vom negativen Verkäuferimage abzuheben und dem Kunden zu signalisieren: „Ich bin wirklich für Sie da. Ich bin Ihr Vertreter. Ich will Ihnen helfen, damit Sie Ihren Weg einfacher gehen. Wenn es für Sie passt, dann kommen wir ins Geschäft. Sonst lassen wir es sein (Abb. 10.2)."

Abb. 10.2 Wie Sie für eine bessere Kundenbindung sorgen

Frage 11: Wie werde ich Spitzenverkäufer?

In wenigen Wochen fange ich bei einer großen Firma im Verkauf an. Ich weiß, dass dort über 200 Verkäufer beschäftigt sind und dass die Spitzenverkäufer wirklich sehr gutes Geld verdienen. Das möchte ich auch gerne, ich möchte nicht nur das Leben eines „kleinen Lichts" führen. Dennoch weiß ich nicht genau, wie ich das ändern soll. Ich benötige sicherlich ein paar Monate, um in der Materie drin zu sein. Doch was muss ich mitbringen, damit ich wirklich ganz nach vorne komme? Einige Freunde von mir meinten, das würde sich von allein ergeben, wenn ich das nötige Engagement zeige. Außerdem würde man doch bei einer so großen Firma gezielt gefördert. Doch bei 200 Verkäufern gibt es sicherlich nicht nur Spitzenverkäufer, sondern auch schlechte Verkäufer. Auch wenn doch alle sicherlich im gleichen Maße von ihrem Arbeitgeber gefördert werden, oder?
Carlo M. aus M.

Dieses Kapitel enthält Videos und Dateien, die mit der kostenfreien SN More Media App aus dem iOS- und Android-Store abspielbar oder downloadbar sind. Dazu einfach die Abbildungen, die das App-Logo tragen, scannen

Elektronisches Zusatzmaterial Die elektronische Version dieses Kapitels enthält Zusatzmaterial, das berechtigten Benutzern zur Verfügung steht https://doi.org/10.1007/978-3-658-27252-4_11. Die Videos lassen sich mit Hilfe der SN More Media App abspielen, wenn Sie die gekennzeichneten Abbildungen mit der App scannen.

© Springer Fachmedien Wiesbaden GmbH, ein Teil von Springer Nature 2019
O. Schumacher, *Was viele Verkäufer nicht zu fragen wagen*,
https://doi.org/10.1007/978-3-658-27252-4_11

11.1 Entscheiden Sie sich für diesen Weg!

Viele Menschen sind sehr fleißig. Sie arbeiten von morgens bis abends, in der Woche sogar über 40 h und bekommen als Lohn zum Monatsende so wenig, dass es eigentlich beschämend ist. Dennoch sind sie zufrieden. Sie fühlen sich wohl mit ihrer Arbeit, glauben darin ihre Erfüllung gefunden zu haben und sind dankbar für das, was sie haben. Sie sind froh, dass sie überhaupt Arbeit haben.

Diese skizzierte Einstellung findet man auch teilweise im Verkaufsaußendienst. Diese Verkäufer ziehen ihre Tour durch, besuchen – wie vorgegeben – ihre Kunden. Sie fragen, ob diese was haben wollen und ziehen dann weiter zum nächsten Kunden. Sollte die Geschäftsleitung sie mit der Gewinnung von Neukunden beauftragen, so gehen diese Verkäufer ausnahmsweise auch dieses Thema an. Um Ärger zu vermeiden, wird gerne mal in Absprache mit dem Kunden getrickst. Damit der Verkäufer intern sein Gesicht wahrt, wird zu gewissen Aktionsschwerpunkten Ware geschickt, um vorübergehend die Statistik etwas zu verschönern und den Chef ruhig zu halten. Nach einer Aktion wird häufig die Ware zur Gutschrift wieder abgeholt oder über den Kofferraum ausgetauscht. Das Wichtigste ist, der Verkäufer hat seine Ruhe, eckt nirgendwo an und bekommt dafür regelmäßig sein Geld. Der Verkäufer findet dann seine Einstellung und sein Verhalten vollkommen in Ordnung, schließlich ist sein Gehalt ja auch nicht gerade hoch.

Eines ist klar: Spitzenverkäufer werden Sie mit solch einer Einstellung und einem derartigen Verhalten nie und nimmer.

Wenn Sie sich entscheiden, den Weg zum Spitzenverkäufer einzuschlagen, so ist tagtägliche Arbeit angesagt. Sie müssen sich darauf einstellen, dass Sie bei Ihren Kollegen immer mehr anecken werden, weil Sie zunehmend anders denken und arbeiten als sie. Sie fühlen sich typischerweise dann immer mehr innerhalb Ihrer Firma gemieden, weil Sie mit Ihren zunehmend besseren Zahlen den anderen vor Augen führen, dass auch andere Verkaufsresultate möglich sind. Viele versuchen Sie zu bremsen, indem sie beispielsweise sagen, dass Sie auch mal ruhig Urlaub nehmen sollten. Einige vertreten die Auffassung, dass Sie zu kleine Umsatzvorgaben hätten. Manche meinen lapidar, Sie hätten einfach nur Glück mit Ihrem Bezirk. Wenn sie selbst einen ähnlichen Bezirk hätten, dann könnten sie selbstverständlich und problemlos das Gleiche schaffen. Je weiter Sie nach vorne kommen, umso größer wird die Wahrscheinlichkeit sein, dass aus Ihren befreundeten Kollegen nur noch Kollegen werden. Vielleicht macht es Ihnen nichts aus, doch manchmal kann diese Atmosphäre auch eine Belastung darstellen.

Überlegen Sie es sich also genau, ob Sie tatsächlich ein Spitzenverkäufer werden wollen. Von Spitzenverkäufern wird so gut wie immer erwartet, dass sie die Defizite der Umsatzschwächsten ausgleichen, damit das Unternehmen oder das Team gut da steht. Wenn Sie in einem Jahr 110 % Zielerfüllung schreiben, dann können Sie davon ausgehen, dass Sie dies auch im nächsten Jahr realisieren sollen – zuzüglich eines Aufschlags. Der Aufschlag wird genommen, weil Ihr Chef davon überzeugt ist, dass Sie es eher können als die schwächsten Verkäuferkollegen, die den gesamten Schnitt des Unternehmens runterziehen. Manchmal erscheint es so, als ob von den Stärksten und Besten immer mehr verlangt und erwartet wird als von den Schwächsten. Dies kann durchaus so sein. Vielleicht hat Ihr Chef im Hinblick auf die schwächeren Verkäufer und deren Verkaufsresultate resigniert und möchte trotzdem gerne seine Umsatzvorgaben erreichen. Der einfachste Weg für alle Beteiligten ist dann das Gespräch mit den Leistungsträgern, denn diese stimmen höheren Zielen schneller zu als die Schwächsten. Die Personen, die über längere Zeit die schlechtesten Zielerfüller sind, werden häufig Ihre größten Kritiker sein. Verrückt, oder? Andere wollen lieber immer in der Mitte schwimmen, weil sie glauben, da am wenigsten „gefressen" zu werden. Wenn Letztere diese Auffassung vertreten und leben, dann sollte man sie lassen, schließlich ist es deren Leben. Doch nicht für jeden Menschen ist ein Allerweltsleben lebenswert.

Nach außen sieht es oftmals so aus, dass die sehr guten Verkäufer ihre Ziele leicht und selbstverständlich erreichen. Doch dahinter steht meistens kein Naturtalent oder Glück, sondern harte Arbeit an sich selbst und im Bezirk. Auch Spitzenverkäufer können nicht zaubern, das ist auch ihren Vorgesetzten klar, sie werden es aber selten zugeben.

Viele wollen sehr gute Verkäufer werden, ohne den mit Anstrengung verbundenen Weg zu gehen. Wenn Sie ganz nach oben wollen, dann brauchen Sie eine gewisse Geduld mit sich selbst und in Bezug auf Ihre Kunden. Ausdauer und Disziplin sind wichtig, um nicht aufzugeben und an seine Stärken zu glauben. Entwickeln Sie eine gewisse Gelassenheit und nehmen Sie die Herausforderung als Spiel an. Sie werden automatisch viel erreichen, wenn Sie am Ball bleiben. Sie müssen einkalkulieren, dass Sie innerhalb Ihrer Firma immer weniger Menschen haben, die Sie wirklich so nehmen, wie Sie sind: Sie sind jemand, der Erfolg will und dafür hart arbeitet und ihn früher oder später automatisch bekommt. Das bereitet manchen Ihrer Kollegen ein wenig Sorge oder Angst. Je weiter Sie kommen, desto mehr demonstrieren und beweisen Sie, dass es möglich ist.

11.2 Seien Sie sich Ihrer bevorstehenden Entbehrungen bewusst!

In den einzelnen Betrieben verdienen gute Verkäufer unterschiedlich gut. Dann gibt es die verschiedensten Branchen, die ebenfalls gewisse Bandbreiten an Vergütungen für Verkäufer vorsehen. Ein sehr guter Verkäufer in einem schlecht zahlenden Unternehmen verdient möglicherweise genauso viel Geld wie der Leistungsschwächste in einem anderen Unternehmen einer anderen Branche. Machen Sie sich das klar. Wenn für Sie das Finanzielle einen sehr hohen Stellenwert hat, dann kann es sinnvoll sein, das Unternehmen zu wechseln. Es wird Ihnen aber nichts bringen, wenn Ihnen die nächste Branche nicht liegt und Sie Ihre Kunden nicht von sich, Ihren Produkten und Ihrem Unternehmen begeistern können und werden.

Es gibt Analysen, die belegen, dass der finanzielle Aspekt für Verkäufer nicht an erster Stelle steht. Wichtiger seien die beruflichen Perspektiven, die Wertschätzung der Führungskräfte und ein sicherer Arbeitsplatz. Sie selbst wissen am besten, was für Sie Priorität hat. Was suchen Sie, was brauchen Sie wirklich? Im Laufe des Lebens ändern sich häufig die Anforderungen an einen guten Arbeitgeber. Falls Sie sehr jung sind, ist es objektiv gesehen möglicherweise am einfachsten, viel Geld im Verkauf zu verdienen, da Sie noch nicht im starken Maße durch verkaufshemmende Verhaltensweisen von Kollegen und Vorgesetzten beeinflusst worden sind. Je länger Sie bereits in einem gewissen Dunstkreis arbeiten, desto schwieriger ist es, aus diesem auszubrechen.

Falls das Finanzielle für Sie an erster Stelle steht, sollten Sie sich überlegen, was Sie mit dem Geld machen wollen. Setzen Sie sich klare persönliche Ziele. Haben Sie in Ihrem vorherigen Beruf ein recht bescheidenes Einkommen erzielt, dann werden Sie sich daran bereits gewöhnt haben. Wenn Sie nun einige Hunderter mehr im Monat zur Verfügung haben, dann legen Sie einen Großteil von diesem Mehrverdienst gleich am Monatsanfang bei Seite. Denn sonst werden Ihre Ausgaben genauso schnell wachsen wie Ihre Einnahmen.

Ihre Arbeitszeit als Spitzenverkäufer wird typischerweise ein wenig anders aussehen als die Ihrer Freunde. Für viele Unternehmen ist es selbstverständlich, ihre Außendienstmitarbeiter am Wochenende für Tagungen, Konferenzen und Workshops zusammenzutrommeln oder diese auf Messen verkaufen zu lassen. Manchmal sind auch Kundenevents zu sehr extremen Zeiten angesetzt, sodass Sie häufig dann arbeiten, wenn andere sich gerne mit Ihnen privat verabreden würden. Freunde kommen und Freunde gehen. Einige werden Sie verlieren, weil Sie zu selten für sie Zeit haben. Zum Ausgleich verwandeln viele Verkäufer ihre Kunden zu ihren Freunden. Doch es ist sinnvoller, Beruf und Freizeit strickt zu trennen, da Ihr guter Freund als Kunde deutlich schwieriger zu betreuen ist – häufig spätestens dann, wenn es um das Thema Konditionen und kurzfristige Hilfe geht. Bekanntlich hört bei Geld die Freundschaft zwischen vielen auf.

11.3 Werden Sie Spitzenverkäufer, denn es gibt nichts Schöneres!

Auch wenn Sie von Kollegen zunehmend mehr angefeindet werden, einige Freunde verlieren und überdurchschnittlich viel an sich und Ihrem Bezirk arbeiten: Sie ziehen daraus einen Nutzen und haben viele Vorteile. Sie verdienen gutes Geld: Sie brauchen sich nicht Gedanken darüber zu machen, was Sie kaufen, sondern wann Sie es kaufen. Ihre Kunden werden Sie sehr schätzen und zu Ihnen halten, weil sie einfach spüren, dass Sie wertvoll für sie sind. Viele Verkäufer, besonders Nachwuchsverkäufer, werden Sie stets um Rat fragen, weil Sie für sie ein Vorbild sind. Auf Tagungen können Sie sich auch mal eine große Klappe erlauben, weil Sie schließlich Erfolge nachzuweisen haben und somit Ihre Meinung und Ihre Vorschläge sehr gefragt sind. Dies bedeutet allerdings nicht, dass Ihre Vorschläge auch umgesetzt werden.

Es gibt wenige Berufe, die so viel Kreativität zulassen. In vielen Unternehmen ist es beispielsweise auch gleichgültig, wann Sie als Verkäufer arbeiten. Wichtig ist nur, dass Sie Ihre Ziele erreichen und übererfüllen.

Vielen Verkäufern steht ein Firmenwagen zur Verfügung. Häufig bekommen die erfolgreichsten Verkäufer sogar noch größere Wagen als ihre durchschnittlichen Kollegen. Manche Fahrzeuge sind so groß und komfortabel, dass sie kaum einer privat angeschafft hätte. Denken Sie daran, dass Sie den Dienstwagen häufig auch privat nutzen können. Für die meisten Firmen sind Privatfahrten selbstverständlich. Sie müssen sich um keine Rechnungen kümmern. Benzin, Reparaturen, neue Reifen, Versicherungen und dergleichen übernimmt Ihre Firma. Das ist wirklicher Luxus, dessen sich viele Verkäufer erst bewusst werden, wenn sie keinen Firmenwagen mehr haben.

Sehr gute Verkäufer werden oft im Rahmen von Jahresbesten-Reisen zu irgendwelchen abgefahrenen Vergnügungen eingeladen, die sie sonst im normalen Leben niemals erlebt hätten. Einige Arbeitgeber kalkulieren hier eher knapp und schicken ihre besten Leute nur kurz übers Wochenende weg (um keine Umsätze zu verlieren). Um Ihre Erlebnisse werden Sie dennoch viele beneiden. So ein Kurztrip ist besser als keiner.

Ihr Erfolg schlägt sich auch auf Ihr Selbstbewusstsein nieder: Ihre Persönlichkeit gewinnt an Kontur und Reife. Sie sind dann ein Mensch, der aus seinem Leben etwas gemacht hat. Sie sind: ein Spitzenverkäufer.

11.4 Lernen Sie!

Als Verkäufer arbeiten Sie vorrangig mit Ihrem Kopf. Sie sind Kopfarbeiter, denn Sie werden nach dem bezahlt, was Sie sich in den Kopf setzen und umsetzen. Daher brauchen Sie stets viel Input, damit Sie besser werden als die anderen Verkäufer in Ihrem Bezirk und zwangsläufig besser als die meisten Ihrer Verkäuferkollegen in Ihrer Firma.

Eignen Sie sich also regelmäßig neues Wissen an, das Sie als Verkäufer und Mensch voranbringt. Je mehr Sie wissen, umso schneller werden Sie ein Gefühl für das Wesentliche bekommen. Filtern Sie aus den vielen Verkaufsbüchern das Wichtigste heraus. Es gibt hierbei viele Überschneidungen. Doch wie finden Sie heraus, welche Bücher für Sie wertvoll sind und welche nicht? Am kostengünstigsten ist es, die Bücherei aufzusuchen. Manchmal ist die Literatur schon etwas älter, dennoch gibt es viele Gesetze und Spielregeln, die auch heute noch aktuell sind. Bald werden Sie begierig nach weiteren Tipps und Ideen suchen und jedes Jahr hohe Beträge in Ihr Wissen investieren wollen. Die Investition wird sich schnell rechnen, wenn Sie das neue Wissen geschickt umsetzen.

Wichtig ist, dass Sie sich regelmäßig Zeit für Ihre persönliche Weiterbildung nehmen, beispielsweise immer am Mittwoch- oder Freitagabend. Regelmäßigkeit und Kontinuität sind hier die Zauberworte.

Vielleicht bietet Ihnen Ihr Arbeitgeber Seminare an. Besuchen Sie aber noch weitere privat und auf eigene Kosten. Denn wenn Sie ganz nach vorne wollen, dann sollten Sie nicht das Gleiche tun wie Ihre Kollegen, sondern immer ein bisschen mehr und vieles ein wenig anders und durchdachter.

Unterhalten Sie sich mit den Leistungsträgern Ihrer Firma und aus anderen Branchen. Schließlich wissen die, wie es geht. Beide Seiten werden voneinander profitieren. Manchmal reicht es auch zu spüren, dass der andere Leistungsträger ähnliche Empfindungen und Meinungen hat, Ähnliches erlebt und durchlebt. Nutzen Sie die Gelegenheit auch für Fragen: Fragen Sie Ihre Gesprächspartner gezielt nach Empfehlungen für gute Bücher und sinnvolle Seminare. Denken Sie dann nicht großartig über die Empfehlungen nach. Handeln Sie sofort: Kaufen Sie die genannten Bücher oder buchen Sie das empfohlene Seminar. Die Checkliste auf Seite 135 hilft Ihnen, sich über Ihre Ziele klar zu werden.

11.5 Wenden Sie Ihr Wissen hemmungslos an!

Das ganze Wissen bringt Ihnen nichts, wenn Sie es nicht umsetzen und ausprobieren. Vielleicht klingen einige Anregungen und Vorschläge komisch für Sie. Doch ob ihre Wirkung und Folge wirklich komisch ist, wissen Sie erst, wenn Sie es nachmachen. Bitte nicht nur einmal, sondern mehrfach. Damit ist jetzt nicht dreimal gemeint, sondern eher 30-mal. Erst danach entscheiden Sie, ob Sie diese ausprobierte Methode vorübergehend oder für immer einsetzen bzw. verwerfen oder vielleicht aufgrund der Resonanz sofort für Ihre individuelle Situation modifizieren.

Machen Sie sich viele Notizen über das, was Sie ausprobiert haben oder noch ausprobieren wollen. Manches klappt erst später, nämlich dann, wenn Sie sich das dafür notwendige Basiswissen angeeignet haben. Häufig sind einem nicht alle notwendigen Voraussetzungen bekannt. Es ist dann ärgerlich, wenn aus diesem Grunde eine an sich geniale Methode zu schnell abgelehnt wird.

Füllen Sie Ihren Wortschatz mit kraftvollen und nutzenorientierte Aussagen auf, die Sie im Kundengespräch problemlos einsetzen können. Leben Sie das, was Sie sagen. Leben Sie die Werte, die Kunden suchen und wollen: Ehrlichkeit, angenehme Hartnäckigkeit und Natürlichkeit. Stehen Sie klar zu Ihrem Beruf. Sie sind Verkäufer – kein „Berater" oder „Consultant". Wenn Sie verkaufen sollen und wollen, dann sind Sie Verkäufer oder Vertreter. Schließlich vertreten Sie die Interessen Ihres Arbeitgebers beim Kunden, um diesen etwas zu verkaufen! Ein souveräner Kunde wird es hassen, wenn jemand offensichtlich etwas verkaufen will, sich Außendienstmitarbeiter nennt und dann so tut, als ob er alles Mögliche im Sinn hätte, aber nur nicht, etwas zu verkaufen.

Achten Sie auf Glaubwürdigkeit: Alles, was Sie sagen und machen, muss mit Ihrer Persönlichkeit übereinstimmen. Manche Verkaufstrainer empfehlen, bestimmte Sätze auswendig zu lernen. Die Gefahr ist dabei jedoch groß, dass Sie damit unnatürlich wirken und auf diese Weise Mauern zwischen sich und Ihrem Kunden aufbauen, statt Mauern einzureißen.

11.6 Lernen Sie mit Zeit und Geld umzugehen!

Jede vergangene Sekunde und Minute kommt nie wieder. Sie ist endgültig verloren. Vielleicht haben Sie noch viele Minuten vor sich, vielleicht auch nicht. Keiner weiß es. Dennoch gehen viele mit ihrer Zeit so um, als ob sie unendlich wäre. Vielleicht ist das auch eine natürliche Schutzfunktion des Geistes. Denn wenn sich jeder darüber Gedanken machen würde, dass es theoretisch in naher Zukunft vorbei sein könnte, würden viele Menschen dies möglicherweise nicht verkraften.

Es ist wichtig, mit der begrenzten Zeit sinnvoll und wertschätzend umzugehen. Es liegt letztlich an Ihnen, wie Sie Ihre Zeit einteilen. Es gibt manche Menschen, die immer anderen die Schuld zuweisen und letztlich damit für Ihr Leben keine Verantwortung übernehmen.

Es geht im Leben darum, selbst die Verantwortung für das eigene Leben zu übernehmen. Übernehmen Sie die Verantwortung für das, was Sie machen – und auch für das, was Sie nicht machen. Denn so lange Sie sich nicht klar für eigene Ziele und Wünsche entscheiden, so lange sind Sie ein Werkzeug der anderen Menschen. Sie werden benutzt, um deren Ziele und Wünsche zu erreichen und zu erfüllen.

Dies sollten Sie sich insbesondere im Hinblick auf Ihr Zeitmanagement bewusst machen. Bringt Sie das, was Sie machen, wirklich weiter? Hilft es Ihnen, Ihr Leben zu leben – oder helfen Sie letztlich einem anderen, sein Leben besser zu leben? Natürlich müssen Sie als angestellter Verkäufer auch die Ziele für Ihren Arbeitgeber erreichen – aber stimmt das Verhältnis zwischen Geben und Nehmen? Ähnlich ist es in gewissen Kundenbeziehungen – wie ist hier die Balance?

Zeit und Geld stehen in einem sehr engen Verhältnis. Denn mit Geld können Sie Zeit sparen: Die gewonnene Zeit können Sie dann wieder für andere gewinnbringende Aktionen nutzen. Es gibt in jedem Bereich Menschen, die sich auf etwas spezialisiert haben. Spezialisten und Fachkräfte können Ihnen viel Arbeit abnehmen und Zeit sparen. Mal angenommen, Ihre Wohnung hat eine grundlegende Reinigung verdient: Fenster, Böden, Regale und alles andere, was dazu gehört, sollten mal wieder von Schmutz und Staub befreit werden. Sie könnten sich jetzt vielleicht als ungeübter Mensch stundenlang durch Ihre Wohnung quälen, damit diese blitzblank wird. Nach vielleicht acht Stunden wären Sie zwar erschöpft, aber Sie hätten Ihre Wohnung blitzblank.

Doch wie wäre es, wenn Sie hierfür eine Putzhilfe engagieren würden? Sie könnten Ihren Putztag dann für Erholung oder Weiterbildung nutzen. Bei der Lektüre eines Fachbuches – dafür hätten Sie dann ja Zeit – würden Sie möglicherweise auf die zündende Idee stoßen, wie Sie noch effizienter verkaufen könnten. Binnen kürzester Zeit hätten Sie das Geld, das Sie für die Putzaktion ausgeben würden, wieder verdient.

Geben Sie somit Ihr Geld nicht einfach nur aus, sondern überlegen Sie, wie und wo Sie Ihr Geld geschickt investieren!

11.7 Kümmern Sie sich um sich als Mensch!

Geld und Karriere ist nicht alles! Viele glauben es erst dann, wenn die Gesundheit deutliche Einwände signalisiert. Jeder sollte sich Pausen gönnen, gleichgültig, wie alt er ist.

Je fleißiger und erfolgreicher ein Verkäufer ist, desto mehr ist er in der Mühle des Arbeitens gefangen. Viele Tätigkeiten sind für ihn selbstverständlich und gehören zu seinem Alltag. Irgendwann wird nur noch gearbeitet und immer weniger gedacht. Viele scheinen immer weniger für ihre eigenen Wünsche und Ziele zu arbeiten. Wer so stark gefangen in der Tretmühle des Arbeitens ist, dass er nicht mehr klar über sein Leben nachdenken kann, ja nichts anderes als die Arbeit kennt, wird kaum kündigen. Dies ist für den Arbeitgeber natürlich ein Vorteil.

Es gibt viele Menschen, die sich am Wochenende nicht erholen können. Am Samstag regen sie sich noch über den Freitag auf und am Sonntag graut ihnen schon wieder vor dem Montag. Eine schreckliche Situation. Denn solche Menschen können sich noch nicht einmal im Urlaub erholen. Viele tragen sogar im Urlaub oder in ihrer sonstigen Freizeit das Fimenhandy mit sich herum oder öffnen die Firmenpost – es könnte ja was Wichtiges sein. Sie schätzen sich als unentbehrlich ein und gehören letztendlich zu den Workaholics.

In dieser Mühle sind viele Menschen schneller als sie dachten. Häufig wird dieses Verhalten auch von der näheren Umgebung zurückgespiegelt. Doch wann ist dieses Feedback Neid und wann ist es wirklich nett und wohlwollend gemeint?

Keiner kann es Ihnen sagen. Achten Sie regelmäßig mehr auf sich. Gehen Sie davon aus, dass Sie nur dieses eine Leben mit diesem einen Körper haben. Erweitern Sie somit nicht nur Ihren Geist, sondern kümmern Sie sich auch um Ihre Gedankenhygiene und um Ihre Gesundheit. Wenn die Arbeit Spaß macht und gefällt, dann können 60 h Beschäftigung wirklich schön sein. Wenn die Freude fehlt, dann sind häufig schon 15 h in der Woche langfristig zu viel. Denken Sie daran, es gibt nicht nur Arbeit, auch Entspannung und Freizeit gehören zum Leben.

11.8 Erstellen Sie Ihren persönlichen Bildungs- und Entwicklungsplan!

Wenn Sie ganz nach oben wollen, dann benötigen Sie spezielle Anregungen und Werkzeuge. Viele Firmen sind davon überzeugt, dass Fachwissen am wichtigsten für den Erfolg eines Verkäufers ist. Ich teile diese Ansicht nicht. Getreu dem Sprichwort „Fachidiot schlägt Kunden tot!" besteht die Gefahr, dass ein Verkäufer, dessen größte Kompetenz das Wissen über seine Produkte ist, zu viel und unnötig berät. Außerdem verfügt der Kunde normalerweise ebenfalls über Fachwissen, das möglicherweise sogar noch umfangreicher ist als das des Verkäufers.

Denken Sie daran, dass Sie als Spitzenverkäufer nicht vorrangig beraten, sondern verkaufen. Sicherlich gehört eine gewisse Beratung zum erfolgreichen Verkaufen dazu. Doch ein Verkäufer bringt einen Kunden leichter und angenehmer zum „Ja" als ein Berater. Wenn Ihr Angebot wirklich nützlich und sinnvoll für

Ihren Kunden ist, dann bereiten Sie ihm sogar einen Gefallen, wenn er zu Ihnen und Ihrem Angebot einfach „Ja" sagen kann und muss.

Somit brauchen Sie ebenfalls Methodenwissen und ein hohes Maß an sozialer Kompetenz. Das Methodenwissen hilft Ihnen, systematischer und strukturierter zu arbeiten und zu argumentieren. Mithilfe der sozialen Kompetenz können Sie sich und Ihre Umgebung besser verstehen. Denn Sie können nur das erkennen, was Sie selbst kennen. Je mehr Sie Ihren Kunden als Mensch wahrnehmen und unterstützen, desto erfolgreicher wird die Geschäftsbeziehung.

Überlegen Sie also genau, wo Ihre Stellschrauben sind – und bilden Sie sich entsprechend in diesen Bereichen weiter (s. Abb. 11.1). Es ist dabei völlig gleichgültig, ob Sie Ihr Arbeitgeber dabei unterstützt oder nicht. Buchen Sie die entsprechenden Seminare und kaufen Sie die entsprechenden Bücher. Auch dann, wenn Sie für den Seminarbesuch keinen Sonderurlaub bekommen. Es ist wahnsinnig spannend, sich immer weiterzuentwickeln. Auf diese Weise fällt es beispielsweise leichter, Zusammenhänge zu verstehen und Entwicklungen zu analysieren.

Wo wollen Sie in einem, in drei und in fünf Jahren stehen? Welche Inputs benötigen Sie, um dorthin zu kommen? Welche Bücher und Seminare können Ihnen hierbei weiterhelfen? Das Internet ist voller Anregungen und Wegweiser. Was letztlich Ihre Erwartungen erfüllt und somit Ihre Ziele unterstützt, wissen Sie leider häufig erst nach dem Kauf. Doch wenn Sie sich bei Ihrer Weiterbildung „verkauft" haben sollten, dann können Sie auch daraus lernen. Schließlich verstehen Sie nun die Kunden noch besser, die nicht sofort zu Ihrem Angebot „Ja" sagen können oder mögen, weil sie sich möglicherweise vor einem Fehlkauf fürchten.

11.9 Legen Sie Ihre persönliche Messlatte höher als Ihr Arbeitgeber!

Gewöhnlich werden Ziele sehr einseitig vergeben. Oftmals werden alle Verkäufer in einen Topf geworfen, und es wird für alle die gleiche Zielvorgabe ausgegeben – entweder ein einheitlicher Euro-Betrag oder ein prozentualer Aufschlag.

Diese Ziele akzeptieren Sie nicht. Diese Ziele sind von Ihrem Chef oder der Geschäftsleitung beschlossen worden. Diese Personen kennen nicht Ihren Bezirk. Sie kennen auch nicht Ihr persönliches Ziel, Spitzenverkäufer zu werden oder zu bleiben. Darum nehmen Sie das vorgegebene Ziel entsprechend hin und schlagen für sich intern noch einmal 20 % drauf.

Warum? Sie tricksen sich selber damit wohlwollend aus. Vielleicht ist es Ihnen schon einmal aufgefallen. Leistungssportler werden immer besser, weil Sie jeweils

11.9 Legen Sie Ihre persönliche Messlatte höher als Ihr Arbeitgeber!

Checkliste: Mein persönlicher Bildungs- und Entwicklungsplan

Wo sehe ich konkret bei mir zurzeit den größten Entwicklungs- und Lernbedarf?

(Beispielsweise: Einwandbehandlung, Zustandsmanagement, Organisation, Präsentationstechniken, Kommunikationstechniken, Persönlichkeitsentwicklung …)

_____

_____

_____

Welche Seminare, Bücher oder Personen können mir helfen, gezielt mein Wissen auszubauen und zu vertiefen?

_____

_____

_____

Was bringt es mir kurz- und langfristig, wenn ich in diesen Bereichen an mir arbeite?

_____

_____

_____

Bis wann möchte ich über die neuen Fertigkeiten und Kenntnisse souverän verfügen?

_____

_____

_____

Was mache ich bis wann konkret?

_____

_____

_____

Abb. 11.1 Checkliste Entwicklungsplan

ihr bestes Ergebnis nicht akzeptieren wollen. Sie trainieren und üben, bis sie wieder ihren eigenen Rekord gebrochen haben. Wenn bei den Olympischen Spielen jeder Läufer ein Sieger wäre, der die 100 m in weniger als zwölf Sekunden laufen würde, dann wäre heute wahrscheinlich niemand unter zehn Sekunden gerannt.

Ziele sind dazu da, um an ihnen zu wachsen. Wenn Sie das Ziel zu niedrig setzen, dann hemmen Sie sich damit selbst, weil Sie in zu bescheidenen Dimensionen und Kategorien denken. Bei einer Zielvergabe fragt sich somit ein Spitzenverkäufer nicht, warum er das Ziel bekommt, sondern wann er es innerhalb der Zeitspanne erfüllen wird und wie! Denken Sie in Lösungen, denken Sie groß und handeln Sie mutig. Mit großen Zielen erreichen Sie immer mehr unterm Strich als mit zu kleinen.

11.10 Halten Sie nicht um jeden Preis durch!

Früher oder später haben Sie ihn, den Durchhänger. Wenn Sie richtig in der Mühle sind, werden Sie den Durchhänger ignorieren und nicht wahrhaben wollen. Warum sollten Sie auch als Spitzenverkäufer einen Durchhänger haben? Sie haben doch so viel Wissen und Fähigkeiten und noch so viele Ziele vor sich, da werden Sie jetzt doch nicht schlappmachen! Was sollen Ihre Kunden ohne Sie machen? Und wie soll Ihr Chef denn nun seine Ziele erreichen? Und was denken die Kollegen, die immer schon sagten, dass Sie ein Spinner sind? Was ist mit der tollen Prämie, die Sie nun wohl doch nicht einkassieren?

Vielleicht haben Sie aber doch leider den falschen Weg eingeschlagen. Es geht nicht darum, ob Sie nicht Spitzenverkäufer werden bzw. bleiben oder nicht – Spitzenverkäufer kann nahezu jeder werden, der sich engagiert. In diesem Buch sind genügend Anregungen dazu enthalten. Viel mehr kommt es darauf an, ob Ihre Psyche und Ihr Körper diese Belastungen aushalten können und wollen.

Getreu dem Sprichwort „Es gibt viele Wege nach Rom!" gibt es kurze und lange Wege zum Spitzenverkäufer. Manche sind etwas steiniger, aber schneller, andere wieder irgendwie anders. Der gewählte Weg sollte zu Ihrer Mentalität und Ihrem privaten Umfeld passen. Wenn Sie nach einigen Monaten spüren, dass dieser Weg nicht der richtige ist, dann wählen Sie einen anderen. Ihr Ziel, der bester Verkäufer im Bezirk zu werden, ist fast immer über kurz oder lang realisierbar. Arbeiten Sie hart an sich, probieren Sie immer wieder etwas Neues aus und geben Sie nicht auf, für Ihre große Vision zu kämpfen. Denn wer nicht mehr kämpft, hat schon verloren. Nehmen Sie sich Zeit und achten Sie auf sich. Sollten Sie keine Freude an Ihrer Arbeit und an Ihrem Leben mehr haben, weil Sie den falschen Weg gewählt haben, so machen Sie etwas anderes. Denken Sie daran: Es ist Ihr Leben! (Abb. 11.2)

11.10 Halten Sie nicht um jeden Preis durch!

Abb. 11.2 Wie Sie Spitzenverkäufer werden

Weitere Tipps und Checklisten für Ihren Verkaufserfolg 12

12.1 Checkliste: Woher kommen Ihre Kunden?

Sie müssen wissen, über welche Kanäle Sie wie gut an neue Kunden gelangen. Denn nur dann können Sie Ihre finanziellen und zeitlichen Ressourcen auf die Vorgehensweisen konzentrieren, die für Ihre spezielle Situation das Beste bringen. Fragen Sie daher also jeden Interessenten, der auf Sie zukommt, wie er auf Sie aufmerksam geworden ist.

- **Kaltbesuche**
  Damit ist Ihr persönlicher Besuch gemeint, ohne dass es zuvor irgendeine Art der Kontaktaufnahme (vielleicht Telefon oder Mail) gab.
- **Kaltanrufe**
  Sie haben die Kontaktdaten einer Unternehmung, von der Sie glauben, dass sie für Ihr Angebot in Frage kommt. Nun rufen Sie dort an – und es kommt zu einem Termin oder vielleicht sogar gleich zu einem Auftrag.
- **Kaltanrufe über Innendienst oder Externe**
  Hier rufen Sie als zukünftiger Ansprechpartner des Kunden nicht selber an, sondern jemand anders übernimmt für Sie diese Aufgabe und terminiert für Sie.
- **PR**
  Über Ihr Unternehmen wurde redaktionell berichtet. Nun ruft Sie jemand an, der diesen Bericht gelesen hat und mit Ihnen zusammen arbeiten möchte.

© Springer Fachmedien Wiesbaden GmbH, ein Teil von Springer Nature 2019
O. Schumacher, *Was viele Verkäufer nicht zu fragen wagen*,
https://doi.org/10.1007/978-3-658-27252-4_12

- **Anzeigen**
  Wegen einer erfolgreich geschalteten Anzeige melden sich Interessenten, die nun „mehr" möchten.
- **Netzwerkempfehlungen**
  Über Clubs, Verbände, Vereine oder sonstigen Treffen haben Sie Kontakt zu einer Person, die Ihnen einen guten Tipp gibt, sich doch mal bei einem potenziellen Interessenten zu melden.
- **Kundenempfehlungen**
  Einer Ihrer Kunden macht Sie darauf aufmerksam, dass Sie noch woanders Chancen der Zusammenarbeit haben.
- **Internet**
  Ein potenzieller Kunde sucht nach Lieferanten über das Internet, stößt auf Ihre Webseite und meldet sich.
- **Mailing per Post**
  Sie schreiben Ihre Wunschkunden an, die sich nun bei Ihnen als Reaktion auf dieses Schreibens melden.
- **Mailing per Post mit telefonischem Nachfassen**
  Sie versenden einen Brief, kündigen darin auch Ihren Anruf an und fassen diesen Brief nun telefonisch nach.
- **Messe als Aussteller**
  Auf einer Messe besucht Sie ein potenzieller Kunde, von dem Sie vielleicht gar nicht wussten, dass es ihn gibt.
- **Messe als Besucher**
  Als Besucher einer Messe sehen Sie einen Aussteller, der von Ihrem Angebot profitieren könnte. Sie suchen erfolgreich das Gespräch.
- **Vorträge**
  Für eine Organisation halten Sie einen Vortrag. Hier lernen Sie Ihren neuen Kunden kennen.
- **Mitgliederverzeichnisse**
  Viele Unternehmen und Personen sind Mitglieder in diversen Verbänden. Diese Mitgliederverzeichnisse werden nicht unbedingt nur für die Akquise benutzt. Denn auch manch ein Kunde schaut, wer denn noch als potenzieller Lieferant in Frage kommt.
- **Branchenverzeichnisse**
  Ob online oder offline: Branchenverzeichnisse werden von potenziellen Auftraggebern ebenfalls genutzt.
- **Kundenverzeichnisse**
  Einige Unternehmen bieten auf ihrer Website eine Suchfunktion für die Kunden ihrer Kunden an. Beispiel: „Wo gibt es überall unsere Brillen der Marke X?" Möglicherweise sind gerade diese Händler offen für Ihr Angebot.

- **Andere**
  Welche anderen Wege der Kontaktanbahnung sind für Sie noch möglich?

Es versteht sich von selbst, dass es nicht reicht, nur einen Strich für den gewonnenen Kunden beispielsweise in der Rubrik „Anzeige" zu machen. Sie müssen konkret werden: Also welche Anzeige? Welche Messe? Welcher Vortrag? Denn es ist ganz normal, dass manche Maßnahmen so gut wie nichts bringen – und andere Vorgehensweisen deutlich mehr. Ebenfalls – auch wenn es merkwürdig klingt – ist auf die Qualität der Kunden zu achten. Über welche Kanäle erreichen Sie vermehrt „gute" Kunden – und über welche Kanäle eher „schwächere"?

12.2 Checkliste: Woran erkennen Sie interessante Wunschkunden?

Zeit ist ein demokratisches Gut. Jeder hat gleich viel davon. Nun geht es darum, dass Sie Ihre Zeit mit den richtigen Interessenten verbringen. Nur allzu häufig passiert es, dass viel Zeit und Energie in einen Wunschkunden investiert wird, der dann doch nicht so attraktiv ist, wie man dachte. Während Sie nun beispielsweise insgesamt zehn Stunden Ihrer wertvollen Zeit investiert haben, um einen Kleinstkunden zu gewinnen, der höchstwahrscheinlich auch immer ein Kleinstkunde bleiben wird, hat womöglich Ihr Mitbewerber einen deutlich attraktiveren – vielleicht sogar Ihren – Kunden gewonnen. Daher ist es wichtig, dass Sie Ihre knappe Ressource Zeit sinnvoll einsetzen und unter Umständen auch einen Anbahnungsversuch von sich aus rechtzeitig beenden, um Ihre Zeit für die Gewinnung von wirklich attraktiven Kunden zu nutzen.

Woran könnten Sie erkennen, ob Ihr Gesprächspartner ein attraktiver Kunde ist oder nicht?

- Versuchen Sie, an statistische Werte zu gelangen, um kurzfristig die Attraktivität Ihres Wunschkunden berechnen zu können. Denkbar wäre die Ladengröße, die Anzahl an Bedienungsplätzen, die Anzahl von beschäftigen Vollzeitkräften, die Größe von zu bewirtschaftenden Flächen, den durchschnittlichen Kassenbon, die Größe des Fuhrparks usw. So manch ein Kunde kennt sein wahres Einkaufsvolumen nicht, möchte es vorerst nicht beziffern oder pokert und nennt Ihnen unrealistische Werte, um bessere Konditionen von Ihnen zu bekommen.
- Schauen Sie, wer die derzeitigen Lieferanten sind. Diese sagen sehr häufig etwas über die Preisbereitschaft, das gelebte Image und die Einstellung gegenüber der eigenen Kundschaft aus.

- Lassen Sie einen Bonitätscheck machen. Es bringt nichts, wenn Sie einen guten Kunden gewinnen, der dann die Rechnungen nicht zahlt. Leider hat sich in manchen Branchen die Unsitte entwickelt, den Lieferanten zu wechseln, sobald die aktuellen Lieferanten nur noch per Nachnahme liefern.
- Schauen Sie nach Indikatoren für Qualität. Überprüfen Sie die Website des potenziellen Kunden. Achten Sie auf Auszeichnungen des Unternehmens (Aktualität?!). Was können Sie über die Stimmung im Kundenunternehmen in Erfahrung bringen, wie denken die Kunden und Mitarbeiter des Unternehmens?
- Kommt Ihr Gesprächspartner auch einmal ins Handeln – oder nutzt er Sie vielleicht nur als Informationsquelle aus? Irgendwann ist es auch Zeit zum Kaufen. Schließlich muss ja mal getestet werden, ob die gut klingenden Worte auch Wirklichkeit werden. Wenn Sie aber trotz professioneller Vorgehensweise immer wieder vertröstet werden, sollten Sie sich fragen, ob Sie womöglich einem Zeitdieb aufgesessen haben.

12.3 Checkliste: Wie viele neue Kunden brauchen Sie?

Mal angenommen, ein durchschnittlicher Kunde macht mit Ihnen 10.000 € Umsatz. Sie haben ein Umsatzziel von 1.000.000 €, werden aber voraussichtlich nur 900.000 € mit Ihren bestehenden Kunden machen. Wie viele Gespräche müssen Sie führen, damit Sie mit neuen Kunden Ihr Jahresziel schaffen? Da vermutlich nicht jeder Wunschkunde sofort Ihr Kunde wird, werden zehn Termine nicht reichen. Angesicht der Tatsache, dass Sie vielleicht über das Jahr hinweg auch zwei oder drei verlieren könnten, erst recht nicht. Ferner spielt der Faktor Zeit eine wichtige Rolle. Denn bis Sie den durchschnittlichen Umsatz machen, werden wahrscheinlich auch noch ein paar Monate mit Ihrem neuen Kunden vergehen. Viele werden in dem Geschäftsjahr auch deutlich weniger machen, andere vielleicht mehr.

Rechnen Sie doch einmal rückwärts: Ziel: 13 Kunden à 10.000 € = 130.000 €. Stellen Sie sich die Fragen:

- Wie viele Versuche brauche ich, um an einen Termin zu gelangen?
- Wie viele Termine muss ich machen, damit aus meinem Wunschkunden ein Kunde wird?

12.3   Checkliste: Wie viele neue Kunden brauchen Sie?

Beispielhafte Annahme:

- Sie müssen 100 potenzielle Kunden anrufen, um an 20 Termine zu gelangen.
- Sie müssen 10 Termine vor Ort durchführen, damit Sie 2 Kunden gewinnen. Dann müssen Sie für 13 Kunden 65 Termine (13*10/2) vor Ort machen. Und um an diese Termine zu kommen, müssen Sie 325 (65*100/20) potenzielle Kunden anrufen.
- Mit entsprechender Vorbereitung, durch Training und Erfahrung lassen sich diese Quoten sicherlich noch steigern. Dennoch zeigen diese Werte auf, dass eine Bezirksbetreuung mit der Einstellung „Na ja, irgendwie wird das wohl mit der Neukundengewinnung schon klappen!" nicht richtig sein kann.

Nehmen wir einmal an, Sie wollen nun aufgrund Ihrer Rechnung 325 Chancen ergreifen und die entsprechende Anzahl an potenziellen Kunden anrufen. Dann stellt sich natürlich die Frage, wie Sie sich motivieren können, um nicht gleich nach dem zehnten Nein aufzugeben.

Manche Verkäufer teilen nun den Zielumsatz von 130.000 € durch 325 Anrufe und sagen: „Jeder Anruf bringt mir statistisch 400 €. Da lohnt sich jeder Anruf. Und jedes Nein bringt mich dem nächsten Ja näher!"

Sie könnten sich jetzt vornehmen, jeden Tag 20 Anrufe zu tätigen. Damit wären Sie in rund einem Monat durch. Für jeden Anruf machen Sie einen Strich. Sie könnten aber auch ein Blatt mit 20 Geldscheinen à 400 € entwerfen und für jedes Gespräch einen solchen Schein abhaken. Andere wollen sich möglicherweise ein Blatt mit 20 Smileys ausdrucken und führen so ihre Statistik.

Beim Telefonieren darf aber nicht vergessen werden, dass Sie nicht immer sofort den Entscheider erreichen. Daher kann es durchaus passieren, dass Sie zehnmal anrufen, dann endlich den Entscheider erreichen – und schlussendlich dann erst das Ergebnis in Form eines Ja oder Nein für Ihre Statistik bekommen.

Halten Sie daher fest:

- Datum
- Startzeit
- Endzeit
- Zeit total
- Wählvorgänge (also auch dann, wenn niemand abnimmt)
- Bruttokontakte (Gespräche mit Telefonzentrale, Sekretärin, Assistentin …)
- Nettokontakte (Gespräche mit Entscheider). Halten Sie das Ergebnis fest: „Termin", „Wiedervorlage (Datum, evtl. Uhrzeit)" oder „noch kein Interesse".

Anhand dieser Zahlen können Sie auch ermitteln, wie viel Zeit Sie tatsächlich für die telefonische Akquise einplanen müssen – und ob Ihre persönlich geplante Zahl an Anrufen pro Tag realistisch ist.

12.4 Checkliste: Besteht die Gefahr von Kundenverlust?

Manche Verkäufer merken vor lauter Arbeit gar nicht, wenn sich einzelne Kunden allmählich von ihnen abwenden. Darum ist es wichtig, auf erste Signale zu achten. Denn gewöhnlich ist der Abwanderungswunsch eines Kunden schon viele Wochen und Monate zuvor zu erkennen – wenn man denn diese Signale sehen und wahrnehmen will:

- Die Zahlungsmoral des Kunden wird schlechter. Vielleicht hat der Kunde selbst Absatzschwierigkeiten und damit Liquiditätsprobleme. Möglicherweise identifiziert er sich mit Ihnen bzw. Ihrer Unternehmung weniger als früher und zahlt Ihre Rechnungen darum aus Prinzip verspätet.
- Der Kunde klagt und jammert mehr als zuvor. Das könnte bedeuten, dass er Zukunftsängste hat. Nun ist die Frage, ob er wirklich glaubt, dass er durch die weitere Zusammenarbeit mit Ihnen seine Zukunft sichern kann – oder ob Ihr Mitbewerber ihm ein stärkeres Gefühl der Sicherheit vermittelt.
- Zunehmend bestellt der Kunde seltener, weniger oder manche Artikel gar nicht. Braucht er tatsächlich weniger, oder macht sich hier gerade einer Ihrer Mitbewerber breit?
- Sie spüren eine gewisse Ablehnung. Vielleicht, weil die Gespräche nicht mehr so harmonisch sind wie bisher. Oder weil Ihr Kunde für Sie schwerer erreichbar ist – bzw. sich gar von seinen Mitarbeitern verleugnen lässt.
- Es kommen immer mehr Einwände, Vorwände und Fragen, die die gesamte Geschäftsbeziehung in Frage stellen. Fühlt sich Ihr Kunde eventuell nicht mehr richtig verstanden oder gar von Ihnen bzw. Ihrem Unternehmen nicht respektiert?
- Lässt vielleicht die Entscheidungsfreude und Spontanität nach? Muss sich der Kunde plötzlich viel mehr überlegen als bisher? Wird nur noch sachlich gesprochen, weniger emotional und privat?
- Kauft der Kunde nur noch kleinere Mengen ein, verlangt Verträge mit kürzerer Laufzeit und interpretiert plötzlich gängige AGBs und Vertragsklauseln überkritisch? Wird er also zunehmend „kleinlich" und regt sich vielleicht über Dinge auf, die ihn früher nicht aus der Ruhe gebracht hätten?
- Bemerken Sie plötzlich Mitbewerberprodukte und Spuren von diesen in Form von einzelnen Mustern, Visitenkarten und Briefen?

Sie merken: Für drohenden Kundenverlust gibt es viele Indikatoren. Bereiten Sie die Gespräche gut vor, indem Sie schauen, wie sich die Umsätze und die Absätze einzelner Artikel im Vergleich zum Vorjahreszeitraum entwickeln. Hören Sie genau hin, wenn Ihr Kunde plötzlich „komisch" wird. Ist es nur eine Laune – oder zeichnet sich hier etwas ab?

12.5 Originelle Ideen, damit Sie nicht „nur" ein Verkäufer für Ihre Kunden sind

Ein guter Verkäufer ist nicht nur ein Reinverkäufer, sondern auch ein Rausverkäufer. Das heißt, er lässt seine Kunden nicht mit den Produkten alleine, sondern hilft ihnen, die Produkte auch wieder gewinnbringend abzusetzen. Aber er ist eben nicht nur ein Verkäufer, sondern auch ein Mensch – genauso wie sein Kunde.

Auch wenn es eigentlich selbstverständlich sein sollte, so freuen sich Kunden schon manchmal über Kleinigkeiten, die für einige Verkäufer selbstverständlich sind – aber leider nicht für alle: Sie erreichen ihren Ansprechpartner leicht. Sie müssen nicht ewig auf einen Rückruf warten. Der Verkäufer berät und informiert sie ehrlich und steht auch zu möglichen verursachten Fehlern. Sie vertrösten ihre Kunden nicht mit „Das erledige ich beim nächsten Mal", sondern erledigen es sofort. Sie rufen rechtzeitig an, wenn eine Zusage nicht eingehalten werden kann, damit sich der Kunde ggf. woanders eindecken kann. Wenn Sie diese Tugenden wirklich leben, dann haben Sie schon viel gewonnen.

Vielleicht können Sie Ihre Kunden auch hin und wieder mit Kleinigkeiten positiv überraschen, die die menschliche Ebene zwischen Ihnen beiden ausbauen:

- Bringen Sie zur Osterzeit bei Ihren guten Kunden für die gesamte Belegschaft Oster- oder Ü-Eier vorbei.
- Schenken Sie Ihrem Kunden ein gutes Buch oder Hörbuch zu einem Thema, das ihn interessiert. Der Inhalt muss nicht unbedingt geschäftlich sein …
- Schicken Sie keine Weihnachtskarten zu Weihnachten. Dann fallen Sie kaum auf, denn Sie gehen in der Masse unter. Schicken Sie etwas zum Nikolaustag. Oder senden Sie im Januar eine Dankeschön-Karte für die Zusammenarbeit im vergangenen Jahr.
- Wenn es im Sommer sehr heiß ist, dann schwitzen wahrscheinlich nicht nur Sie. Bringen Sie doch zu Ihrem Termin Eistee mit. Eis aus dem Kühlregal oder frischer Obstkuchen vom Fachgeschäft in der Nähe des Kunden können auch für eine willkommene Abwechslung sorgen.

- Liefern Sie Ihren Kunden Ideen. Wenn Sie irgendwo etwas sehen, wo Sie vielleicht denken „Tolles Schaufenster!", „Super Anzeige!" oder „Coole Idee!", dann lassen Sie auch Ihre Kunden daran teilhaben. Wenn diese spüren, dass Sie ein wertvoller Ideenlieferant sind, der nicht nur kostenpflichtige Ideen seines Arbeitgebers verkaufen möchte, dann punkten Sie zwischenmenschlich enorm.

Gehen Sie stets mit offenen Augen durch die Welt. Lassen Sie sich inspirieren und fragen Sie sich öfter, was Sie für Ihre spezielle Situation daraus machen können.

12.6 Beispielformulierungen für Ihren Verkaufsalltag

Jeder Verkäufer weiß, dass er keine vorschnellen Rabatte geben soll. Klar ist auch, dass Sie regelmäßig neue Kunden gewinnen und produktiv arbeiten sollen. Doch was nützen Ihnen diese Einsichten, wenn Sie nicht wissen, wie Sie gewisse Dinge sagen oder ausdrücken könnten? Nachfolgend ein paar Beispielformulierungen. Dabei geht es nicht darum, dass Sie sie auswendig lernen, sondern Ziel ist, dass Sie die Formulierungen Ihrer Persönlichkeit und auch der individuellen Situation anpassen. Viel Erfolg damit!

Neukundengewinnung

- „Ich habe eine Idee, wie Sie x können. Darf ich Ihnen das mal kurz in drei Sätzen umreißen?"
- „Es geht um x. Dazu habe ich eine Idee, die auch bei der Firma y hervorragend funktioniert hat. Können wir gerade darüber kurz sprechen?"
- „Vermutlich denken Sie gerade ‚Ach du meine Güte – schon wieder einer, der mir etwas verkaufen möchte!'. Wenn Sie mir jetzt kurz zwei Minuten geben und ich Sie dann noch nicht überzeugt habe, können Sie mich gerne rauswerfen. Einverstanden?"
- „Ich bin hier, um mit Ihnen einen Termin zu machen. Es geht um das Thema x. Da haben wir nachweislich starke Konzepte. Habe ich gerade einen guten Moment erwischt, oder wollen wir lieber einen Termin vereinbaren?"
- „Ich möchte mich gerne bei Ihnen als Lieferant bewerben."

Angebotsmanagement

- „Sie haben mir gestern eine Anfrage gemailt. Damit ich Ihnen ein optimales Angebot machen kann, möchte ich Ihnen gerne ein paar Fragen stellen. Einverstanden?"
- „Ich gehe davon aus, dass Sie mehrere Angebote einholen. Nach welchen Kriterien entscheiden Sie sich für einen Anbieter?"
- „Sie haben x angefragt. Wie kommen Sie darauf, dass gerade x für Sie die beste Lösung ist?"
- „Wissen Sie, wir schreiben viele Aufträge – aber nicht über den Preis. Wenn ich Ihnen zeigen kann, dass es sich lohnt, bei uns ein wenig mehr zu investieren, bekommen wir dann den Auftrag?"
- „Ich habe das Gefühl, wir passen gut zusammen. Was halten Sie davon, wenn wir uns beide Zeit sparen und einfach gemeinsam loslegen?"
- „Bis wann brauchen Sie das schriftliche Angebot?"
- „Ich schicke Ihnen gerne ein Angebot. Und den Auftrag hätte ich auch gerne, weil ich den Eindruck habe, dass wir gut zusammen passen. Was meinen Sie, wie stehen meine Chancen, den Auftrag zu bekommen?"
- „Nein, so arbeite ich nicht. Das macht für mich keinen Sinn, weil … Darum verstehen Sie bitte, dass ich kein Angebot für Sie erstellen möchte."
- „Wir haben vor drei Wochen telefoniert. Es ging um das Angebot über x. Und da dachte ich, ich rufe einfach mal an, um zu erfahren, wie wir gemeinsam weiter machen."
- „Herzlichen Dank für Ihre Anfrage. Sie haben da ein großes Projekt vor. Damit für Ihre Situation das Beste bekommen, möchte ich gerne mit Ihnen einen Vor-Ort-Termin machen. So kann ich mir das Ganze mal ansehen und Ihnen letztlich die beste Möglichkeit anbieten. Wann passt es?"

Preisverhandlung

- „Ja, das stimmt. Das Angebot ist ein wenig höher ausgefallen, als Sie ursprünglich wünschten. Ich habe mir das nicht leicht gemacht. Doch ich habe Sie so verstanden, dass gerade x für Sie sehr wichtig ist. Und deswegen habe ich bewusst auch noch die Positionen a und b mit aufgenommen. So haben Sie die Sicherheit, dass es auch funktioniert. Und gerade darauf kommt es uns beiden ja an."
- „Ich kann verstehen, dass Sie einen guten Preis möchten. Das ist unser bester Preis. Ist es in Ordnung, wenn die Ware dann nächste Woche da ist?"

- „Welchen Preisnachlass haben Sie sich denn vorgestellt?" – „Okay, so viel kann ich leider nicht runtergehen. Was ich aber noch tun kann, ist, dass ich Ihnen noch x draufpacke. Das brauchen Sie ja sowieso. Einverstanden?"
- „Natürlich gibt es billigere Mitbewerber. Doch gerade bei dieser Sache kommt es darauf an, dass es funktioniert. Und das versichere ich Ihnen. Wie sieht es bei Ihnen in der nächsten Woche aus – können wir am Dienstag anfangen?"
- „Ich hätte mich auch gewundert, wenn Sie als Einkäufer nicht nach einem Rabatt gefragt hätten. Sie würden dann ja auch einen schlechten Job machen. Ich allerdings auch, wenn ich Ihnen mit Mondpreisen ein Angebot gemacht hätte und nun noch mal kräftig Rabatt gebe. Ich habe hier tatsächlich knapp kalkuliert. Bitte seien Sie sich sicher, dass niemand weniger bezahlt. Ist es für Sie in Ordnung, wenn wir beide das dann jetzt so abnicken?"

Weiterführende Literatur

Birkenbihl, Vera F. 2013. *Kommunikationstraining – Zwischenmenschliche Beziehungen erfolgreich gestalten*, 33. Aufl. Landsberg: mvg.

Hahn, Werner F., und Joe Bäcker. 2009. *Werners weiße Verkäuferkladde – Kaltakquisation: So bekommst du (fast) jeden Termin!* Norderstedt: BoD – Books on Demand.

Saxer, Umberto. 2008. *Bei Anruf Erfolg: Das Telefon-Powertraining für Manager und Verkäufer*, 4. Aufl. München: Redline.

Saxer, Umberto. 2009. *Einwand-frei verkaufen: 21 Techniken, um alle Einwände wirksam und flexibel zu behandeln*, 3., überarb. Aufl. München: Redline.

Schumacher, Oliver und Peter Lehmann. 2017. *Mehr Erfolg als Beauty-Dienstleister: Wie Sie leichter verkaufen und besser führen.* 2., überarb. Auflage. Gaggenau: Top Hair.

Schumacher, Oliver. 2017: *Verkaufen auf Augenhöhe: Wertschätzend kommunizieren und Kunden nachhaltig überzeugen – ein Workbook.* 3., erg. Auflage. Wiesbaden: Springer Gabler.

Schumacher, Oliver. 2017: *Preise durchsetzen*, 3. Aufl., Offenbach: Gabal Verlag.

Schumacher, Oliver. 2017: *Der Anti-Stress-Trainer für Vertriebler: Gelassen mit Verkaufsdruck umgehen.* Wiesbaden: Springer Gabler.

Schumacher, Oliver. 2018. *Schluss mit halben Sachen im Verkauf: So handeln Top-Verkäufer.* 2. Auflage. Göttingen: BusinessVillage.

Sickel, Christian. 2013. *Verkaufsfaktor Kundennutzen: Konkreten Bedarf ermitteln, aus Kundensicht argumentieren, maßgeschneiderte Lösungen präsentieren*, 6., durchgeseh. Aufl. Wiesbaden: Springer Gabler.

Ihr Bonus als Käufer dieses Buches

Als Käufer dieses Buches können Sie kostenlos das eBook zum Buch nutzen. Sie können es dauerhaft in Ihrem persönlichen, digitalen Bücherregal auf **springer.com** speichern oder auf Ihren PC/Tablet/eReader downloaden.

Gehen Sie bitte wie folgt vor:
1. Gehen Sie zu **springer.com/shop** und suchen Sie das vorliegende Buch (am schnellsten über die Eingabe der eISBN).
2. Legen Sie es in den Warenkorb und klicken Sie dann auf: **zum Einkaufswagen/zur Kasse.**
3. Geben Sie den untenstehenden Coupon ein. In der Bestellübersicht wird damit das eBook mit 0 Euro ausgewiesen, ist also kostenlos für Sie.
4. Gehen Sie weiter **zur Kasse** und schließen den Vorgang ab.
5. Sie können das eBook nun downloaden und auf einem Gerät Ihrer Wahl lesen. Das eBook bleibt dauerhaft in Ihrem digitalen Bücherregal gespeichert.

EBOOK INSIDE

eISBN	978-3-658-27252-4
Ihr persönlicher Coupon	kafQrmFfMGQggY5

Sollte der Coupon fehlen oder nicht funktionieren, senden Sie uns bitte eine E-Mail mit dem Betreff: **eBook inside** an **customerservice@springer.com**.